LOHENGRIN ET TANNHAÜSER.

LOHENGRIN

ET

TANNHAÜSER

DE RICHARD WAGNER

PAR

FRANZ LISZT.

LEIPZIG:
F. A. BROCKHAUS.

1851.

LOHENGRIN

GRAND OPÉRA ROMANTIQUE

DE R. WAGNER

ET

SA PREMIÈRE REPRÉSENTATION

A

WEIMAR

AUX FÊTES DE HERDER ET GOETHE

1850.

En 1847 R. Wagner, alors maître de chapelle au théâtre de Dresde, avait déjà écrit son dernier opéra *Lohengrin*. En 1849 il quittait cette ville avant de l'y avoir fait représenter.

Au commencement de 1850, on s'occupait à Weimar de désigner le moment et la manière les plus convenables, d'inaugurer la statue de

Herder qui venait d'être achevée et qu'on devait y poser bientôt. Le Comité qui avait à en décider, fixât pour cette solennité le 25 Août, anniversaire de la naissance de Herder. Cette date était trop rapprochée du 28 Août, qui, l'année précédente, en marquant le jubilé séculaire de la naissance de Goethe, avait été célébré dans toute l'Allemagne, et particulièrement à Weimar, comme une des plus belles fêtes nationales, pour qu'on ne songeât point à le saluer encore à cette occasion par quelque belle manifestation de l'art scénique. Lorsqu'on discuta le programme de ces deux journées, il fut arrêté qu'on exécuterait au 25 le *Prométhée délivré* de Herder, dont la mise en musique nous fut confiée, et qu'au 28, on représenterait pour la première fois le dernier opéra de Wagner : *Lohengrin*.

Cette oeuvre remarquable se trouva ainsi rattachée, pour leur prêter un lustre nouveau, aux fêtes qui se prolongèrent du 25 au 28 Août, et ajouta une renommée de plus à la longue suite de noms glorieux qui se relient à celui de Weimar. Elle sembla donner ainsi, au moment où l'on y érigeait pour la première fois un monument à l'un des hommes éminents qui formèrent une si brillante chaîne, un gage éclatant qu'elle ne serait encore ni brisée, ni interrompue. Par cette inauguration double et simultanée de la statue de Herder et de l'opéra de Wagner, Weimar conviait le Génie de l'avenir à ne pas déserter les souvenirs d'un passé glorieux, et en même temps rendait à ce passé un culte fécond, en faisant circuler la Vie et la Jeunesse autour de ses tombes et de ses trophées, seule manière de les préserver de ce voile qu' Arachné se plaît à tisser autour d'eux aussitôt que le silence les entoure, et qui, si léger qu'il soit, les dérobe pourtant, aux yeux des jeunes générations, peu soucieuses de tout ce qui est dépourvu des attraits de l'actualité.

I.

Les hommes qui se sont élevés au-dessus de leurs semblables par l'éclat de leur génie ou l'empire de leurs talens, et si bien appelés les *grands hommes*, ont de tout temps été l'objet d'un culte qui a pris des formes diverses selon le degré de civilisation des époques où ils ont vécu. Dans l'enfance de la vie des peuples, ce culte porta naturellement le caractère d'une religieuse adoration. On crut d'abord que ceux en qui se révélaient des facultés extraordinaires, étaient d'une nature supérieure à celle des autres mortels. Comme on ne pouvait s'expliquer l'inexplicable source de ces beaux phénomènes, de ces capricieuses largesses de la nature, de ce luxe apparent de la Création qui n'est qu'une des premières nécessités de l'humanité: comme l'Expérience, cette divinité grise et froide que personne n'encensa jamais, et sans laquelle néanmoins notre esprit resterait tristement stagnant, n'avait point décoloré encore l'imagination vive et juvénile des peuples, et qu'ils ne savaient point accepter les bienfaits de certains mystères, sans leur attribuer une cause plus merveilleuse que celle de notre propre existence: comme on ne savait point préjuger l'action que pouvait exercer cette force évidente mais indéfinie, on adressait aux êtres favorisés qui la possédaient, des vœux, des prières, des offrandes pour se les rendre favorables, et l'on implorait même après leur mort la continuation de leurs influences protectrices et bienfaisantes. On n'osa pourtant pas, en les voyant soumis aux communes misères de notre chétivité, leur attribuer une divine essence, et la poétique métaphore des peuples les nomma des Demi-Dieux. Que de siècles après, le poëte chrétien en méditant sur la surprenante apparition d'un de ces hommes au-dessus des autres hommes, justifiait ce pressentiment primitif, lorsqu'il disait que *le génie est une plus forte empreinte de la Divinité!* [1])

Plus tard, cette invocation de l'ignorance timide et naïvement émue d'une gratitude enfantine, qui ne pesait ni ne mesurait avec une avare exactitude,

1) Manzoni. Ode sur Napoléon.

l'adjectif que la reconnaissance ou la trémeur ajoute à un nom béni ou redouté, perdit sa superstitieuse exagération, aussi bien que cette lie de crainte et de terreur, qui se mêlait aux supplications et aux sacrifices offerts à ceux, en qui on reconnaissait une puissance, dont on ne devinait pas les bornes. Des institutions toujours plus élaborées réglant les sociétés, la faiblesse individuelle fortifiée par leur force collective, trouva dans leur sein des garanties moins précaires à sa sécurité, et les nations ne se refugièrent plus autour des hommes supérieurs, comme dans l'enceinte d'un asyle protecteur. On ne se prosterna plus devant eux comme devant des êtres surnaturels; mais au frissonnement de la surprise succéda une admiration exaltée, et on les glorifia en les appelant des Héros et des Sages. Leurs actions étaient répétées, leurs paroles recueillies, et l'étonnement ravi des contemporains léguait aux générations suivantes, les récits de leurs hauts faits. Frappée de leur grandeur, l'imagination populaire groupait peu à peu autour de leurs mémoires, des incidens et des événemens analogues aux aventures réelles de leur vie, multipliant ainsi leur titres à la gloire, et leur créant un piédestal poetique richement ciselé de bas reliefs allégoriques, audessus duquel leur image s'élevait aux regards de la postérité, haute et idéalisée.

A mesure que les lumières se répandirent, que la civilisation s'étendit, que le niveau des intelligences s'éleva, que la haine et l'envie se ruèrent sur les hommes d'invention et de progrès, que l'Histoire repoussa d'une main la Fable et appela de l'autre la Justice, les apothéoses pleines d'une candide foi religieuse ou poétique disparurent. On rejeta le miraculeux ; on ne crut plus aux origines ni aux révélations célestes ; on discuta les mérites avec sang froid ; on délimita la portée des actions ; on rechercha le mobile des vertus, et l'on honora les hommes de facultés transcendantes, par des monumens auxquels on donna leurs noms. Après le temple était venu le poëme. Le poëme fut remplacé par la colonne. A la tremblante adoration avait succédé l'enthousiasme généreux. Il se changea en un jugement abstrait.

Vinrent ensuite des temps où les hommes sortis de leur état premier d'impuissance et d'inexpérience, arrivés aux connaissances de l'âge mûr, à la possession d'immenses forces morales et matérielles, à un puissant développement de la civilisation, furent si absorbés par leurs intérêts, leurs ambitions et leurs mollesses, qu'il resta peu de place dans leurs existences, à l'admiration du génie. Dailleurs un souffle nouveau descendit sur la terre, et les populations frémissantes sous l'aiguillon d'une inspiration inconnue, se partagèrent non-seulement en patries, mais en religions diverses. Le fanatisme ajouta ses haines et ses discordes à celles des nationalités. Ce malheur, qui était cependant un progrès, car il donnait au sentiment une supériorité sur l'intérêt matériel, devait nécessairement diminuer le prestige du génie et du talent, et l'on continua à profiter de leurs dons, mais en négligeant de leur en rendre grâces. En proie aux horreurs d'une confusion, que rendaient également épouvantable les brutalités de la barbarie nouvelle et les raffinemens de la dépravation antique, le moyen âge ne put voir la grandeur que dans la piété, ne voulut adorer que la sainteté, n'admira que la pureté. Il canonisa les grands rois; il se prosterna sur les tombes des martyrs; il admira les chastes preux, et rêva les chevaliers du St. Graal. L'excès de la douleur rend insensible à tout ce qui ne lui apporte pas un soulagement immédiat, et lorsque les vicissitudes du sort sont fréquentes, ni le génie, ni le talent n'ont à donner de soulagement aussi efficace que celui d'une espérance transmondaine. En outre, dans cette mêlée de tant d'élémens contraires, qui devaient par leur fermentation et leurs bouillonnemens faire surgir du fond de ce chaos une civilisation plus belle, la puissance individuelle dans les souverains eux-mêmes, était singulièrement resserrée par la puissance des choses. Le génie n'avait que peu à accomplir. Il ne pouvait que luire. Mais l'immortel rayonnement de son flambeau, ne devait être reconnu que longtemps après. Ce n'est que dans les calmes contemplations d'une existence paisible, qu'il fut possible de lui reporter l'hommage dû aux bienfaits des lueurs qu'il avait répandues sur les ténèbres de tant de luttes sanglantes. Quand des trèves suivirent enfin ces luttes, alors il appartint aux hommes éclairés qui considéraient le Passé pour y démêler la genèse des troubles et des infortunes au milieu desquels les idées et les problèmes s'étaient si longtemps aheurtés comme des astres errans, lumineux ou éteints, de rappeler ce culte primitif des grands hommes, non plus dans sa *mythologie* grandiose et poétique, mais dans la juste reconnaissance qui revient à ces élus, porteurs des dons et des bienfaits que la Providence répand sur l'humanité par leur entremise, alors même qu'ils ignorent le sens de leurs mystérieuses missions, et la qualité des fruits que doivent porter les branches nouvelles, qu'ils greffent sur le vieil arbre de la Science du Bien et du Mal, lequel après nous avoir tant appris, nous laisse encore tant ignorer.

A ce moment l'impulsion admirative ne venant plus du peuple et des masses éblouies, mais de la partie la plus cultivée et la plus éclairée des sociétés, le tribut d'enthousiasme rendu aux hommes exceptionnels, dût nécessairement se différencier des précédens, et revêtir un caractère approprié à un autre point de vue. Jadis, on avait surtout glorifié les hommes qui, se plaçant à la tête des nations, augmentaient leur domination au dehors, et leur prospérité au dedans : les souverains conquérans et les princes législateurs ; ou bien les hommes qui dotaient leurs pays de quelque découverte bienfaisante, de quelque invention heureuse. Mais, plus la pensée humaine se livra à l'analyse, et plus elle considéra comme transitoires les faits et les lois qui avaient obtenu le plus d'acquiescement; plus elle vit s'étendre devant elle le champ des découvertes à faire, et plus elle jugea partielles et fragmentaires les découvertes individuelles. Elle étendit alors son admiration et son enthousiasme à ces hommes dont la vocation était d'agrandir le cercle des idées, de réveiller les beaux sentimens, de révéler de grandes aspirations, de provoquer d'heureuses améliorations, d'inciter aux nobles désirs, et c'est ainsi que des gloires qui autrefois semblaient secondaires, vinrent prendre rang et place à côté de celles qui avaient primitivement et exclusivement attiré l'attention des peuples, et que nous voyons de nos jours les hommes d'action et les hommes de pensée, avoir une part égale aux honneurs qu'il est un si juste devoir de rendre aux uns comme aux autres. Ceux qui sont à même d'apprécier un mérite éminent dans son genre, se réunissent et se concertent avec zèle et ardeur, pour trouver de dignes témoignages des respects qu'ils portent aux hommes qui furent les premiers dans leur carrière. Les masses, moins instruites, mais rendues attentives par ces appels de l'intelligence, y répondent avec enthousiasme, et secondent avec libéralité de nobles efforts. À cette double action, à cette concordance de généreux élans, nous sommes redevables des beaux monumens qui s'élèvent de toutes part à la mémoire des hommes qui illustrèrent leur patrie, et les villes avec une pieuse émulation, veulent posséder chacune la preuve de la reconnaissance qu'elles savent éprouver envers ceux qui jetèrent sur elles un reflet de gloire.

Lorsque maintenant on se propose d'édifier un de ces monumens, on peut remarquer qu'à peu d'exceptions près, c'est la Statue des hommes dont on veut perpétuer et populariser le souvenir, qu'on érige aux lieux de leur naissance, de leur mort, ou de leur demeure habituelle. Ce mode de glorification a l'avantage de prolonger en quelque sorte pour les générations à venir, l'existence de ces êtres privilégiés. Il semble qu'en demandant au marbre ou au bronze de toujours représenter aux yeux de leurs compatriotes, leurs beaux traits et leurs nobles attitudes, ou les évoque eux mêmes pour toujours assister aux honneurs que recueillent leur génie, leurs travaux et leurs services, et toujours participer par leur solennelle présence aux destinées de leur patrie, consacrer de leur souvenir ses gloires futures, et lui servir de Palladium dans les dangers, en animant leurs successeurs et heritiers du desir de se rendre dignes d'eux et de leurs mémoires. Il nous paraîtrait difficile de trouver une commémoration plus respectueuse et plus tendre à la fois, et une meilleure manière de rendre à une vie employée, et souvent sacrifiée, à l'amour du Vrai, du Beau, de l'Utile, les longs hommages qui lui sont dûs.

Cette prédilection ouvre en même temps, une féconde source d'inspiration à l'art du statuaire. Elle lui donne l'occasion de sortir plus fréquemment de la sphère du sentiment et de la pensée, pour entrer dans celle de l'histoire, et dans la personnification d'idées plus nuancées, qui ne peuvent se rencontrer autrement dans les limites de l'éloquence du ciseau. Le sculpteur obligé, non-seulement à bien connaître la grandeur des hommes qu'il est appelé à ressusciter pour les siècles suivans, mais à se pénétrer de leur esprit jusqu'à acquérir l'intuition du rayonnement qu'il répandait sur leur personne, du reflet doux et timide par lequel il perçait dans leurs regards, ou du contour impérieux et accentué qu'il imprimait à leurs gestes, trouve pour parler aux masses une forme qui leur est plus familière, plus compréhensible, plus chère, et se met ainsi en rapport plus direct avec elles. Les statues n'étant commandées qu'après la mort de leurs modèles, cette circonstance rend la tâche de l'artiste plus aisée d'une part, plus pénible de l'autre. S'il est affranchi des exigences d'une ressemblance matériellement scrupuleuse, en revanche il est privé de ces apperçus si profonds, qu'une minute donne parfois dans les accès les plus reculés d'une âme élevée, et par cela même mystérieuse et concentrée. Il lui faut reconstruire ligne à ligne, sur le masque d'un cadavre ou sur un portrait muet, la vie et l'expression dont il doit chercher les secrets dans l'histoire et les productions de celui qu'il est destiné à faire revivre. Il faut qu'il les étudie dans leurs plus fins replis, et qu'il perce leurs voiles par une sympathique divination. Il lui faut être poëte pour discerner la poésie sous la prose de l'existence, et souvent aussi il lui faut reconnaître la prose sous un amas de poésie. Il lui faut comprendre ce qui fut l'oeuvre de l'inspiration de ce qui n'a été que l'œuvre de la volonté; élaguer les paroles que commandaient les convenances du cœur ou de la raison, d'avec celles qui s'échappaient comme un soupir involontaire; faire la part des actes nécessités par les temps et les événemens, et pressentir quels étaient ceux que dictait l'impulsion naturelle.

En contemplant la statue de Herder qu'on vient d'inaugurer à Weimar, il est impossible de ne pas apprécier tout le mérite du sculpteur, qui s'efforce de ravir à la mort ce qu'elle a déjà englouti, et de donner d'imposantes proportions aux figures qu'ennoblissaient et embellissaient les hautes qualités de l'âme. Cette statue faite par M. Schaller de Munich, est remarquable par la finesse de sa conception. Elle prouve également la connaissance parfaite, et l'appréciation spirituelle de ce grand homme, tel que ses écrits nous le font entrevoir. La douce sérénité, le front sans rides et sans soucis, le sourire bénignement pacifique, le regard plus intelligent que perçant que nous croyons voir en nous représentant Herder vivant, y sont rendus avec une grande noblesse de maintien, une grande bonté d'expression. Dans sa main droite Herder tient un rouleau, sur lequel est inscrite la devise qu'il avait adoptée: *Lumière, Amour, Vie*, et que Charles-Auguste fit graver sur sa tombe: inscription moins romanesque et plus inspirée que celle dont Wieland surchargea son monument funèbre[1]. Cette main

1) Wieland est enterré à Osmanstedt petite terre située à une heure de route de Weimar, et qui lui avait appartenu.

est non-seulement d'une grande beauté et d'une rare perfection, mais son mouvement est plein d'une fermeté et d'une énergie, qui, s'harmoniant avec le reste de la pose, imprime à l'ensemble de l'attitude, la dignité qui devait caractériser l'apôtre de l'Humanité, celui qui lui voua un culte si sincère et si fervent. Dans l'inclinaison de la tête, dans les plis du visage, dans ce que disent les yeux, on reconnait de suite cette sensibilité si aisément émue, si constamment attendrie, qui dicta à Herder une si patiente recherche des différentes expressions que prend la sensibilité naturelle, dans le bégaiement de la poésie populaire des nations les plus diverses. M. Schaller a su habilement reproduire dans l'impression que donne sa belle statue, celle que devait laisser à ses auditeurs, et que réveille encore dans l'âme de ses lecteurs le poëte philosophe, à qui nous devons de grandes pensées bien réellement venues du coeur, qui influèrent puissamment et généreusement sur la direction des esprits en Alle-

Sur un obélisque à trois faces, on voit d'un côté un papillon, emblème de l'Immortalité au-dessus du nom de Christine Brentanno qui avait été son amie intime ; de l'autre deux mains unies, et le nom de sa femme; sur le troisième, une lyre au-dessus du sien propre. L'obélisque est entouré de cette inscription, comme d'une ceinture : *L'amour et l'amitié réunis dans la mort.* Les trois cercueils de ces personnes, sont effectivement rassemblés dans cet endroit. Wieland, en mourant, avait destiné une petite somme pour être toujours capitalisée, jusqu'à ce qu'elle suffit à payer une grille de fer qui devait entourer ce lieu. Elle a été posée plus de trente ans après sa mort!..

magne, aussi bien que de charmans poëmes pleins d'une grâce naïve, surabondans de pieux élans, d'aspirations vertueuses, et de douces illusions; car celui qui connaissait si intimement nos meilleurs penchans, semblait vouloir sciemment ignorer, comment ils s'aigrissent, comment ils s'extravasent, comment ils se dessèchent dans l'âme humaine, et y laissent régner de plus énergiques et de plus rudes passions.

La statue est presqu'adossée à la cathédrale où Herder prêcha d'habitude. Cet emplacement n'a été adopté qu'après d'assez vives contestations, et beaucoup de personnes avaient désiré qu'on en choisît un autre, non sans de très-plausibles motifs de tous genres. Nous ne nous arrêterons point à considérer le plus ou moins d'orthodoxie dogmatique dont ce penseur fit preuve, lui, qui aimait le christianisme comme la plus douce des croyances, et admirait l'Église romaine comme le plus fort des gouvernemens, ce qui permettrait presque de dire, qu'il était tout près de se trouver plus catholique que chrétien. Nous comprenons l'apparante convenance à laquelle on a obéi, en plaçant ce monument auprès du temple où Herder remplit ses fonctions ecclésiastiques durant de si longues années; mais nous ne pouvons nous empêcher d'avouer, que la partie du parc qui fait face à l'une des plus belles rues de la ville, et où les personnes qui protestaient contre le choix de l'emplacement qui a prévalu, avaient désiré voir s'élever cette statue, nous eut semblé plus avantageuse pour son effet moral et matériel. Nous savons l'objection qui se présente contre un projet qui entourerait d'arbres une statue de bronze; mais elle serait moins péremptoire dans ce cas particulier, à cause de la couleur dorée, claire et brillante du métal qu'on y a employé, et qui sur un fonds de vieux massifs dont la sombre verdure forme un rideau presque noir, se fut détaché bien plus vivement, que sur la muraille grisâtre à laquelle cette statue semble appuyée maintenant, les exigences des marchés n'ayant même point permis qu'on l'érigeât au milieu de la place, comme c'eut été le plus naturel. Dailleurs, en la contemplant dans un encadrement pittoresque et champêtre, à l'unisson avec les goûts idylliques de Herder, et ses penchans si purs pour les scènes d'une nature riante, l'on n'eût point éprouvé on ne sait quelle triste émotion, réveillée par ce perpétuel contraste d'une église construite il y a des siècles avec une si humble et si ardente foi, et d'un splendide monument érigé à la gloire d'un de ses ministres, lequel ne cherchait plus qu'un mythe sur ces mêmes autels, où les peuples adorans et espérans, avaient cru qu'un Dieu descendait!

L'inauguration de cette statue eut lieu le 25 Août, jour où Herder était né en 1744. Cette date ainsi que celle de sa mort, le 18 Décembre 1803, est incrite sur son piédestal d'un marbre verdâtre, qui porte en outre les mots suivans: *Von Deutschen aller Lande.* «Érigée par des Allemands de tous pays.» Cette inscription se rapporte aux dons nombreux et considérables, qui furent envoyés par les Allemands établis en France, en Angleterre, et surtout en Amérique, à la souscription ouverte à cet effet en 1844 et provoquée d'abord par les loges franc-maçonniques de Darmstadt et de Weimar, à l'occasion de la célébration du centième anniversaire de la naissance d'un des premiers philosophes de *l'humanitarisme.*

Le soir du 24 Août, veille de cette fête, on représenta au théâtre, le *Prométhée délivré,* que Herder avait composé sans le destiner à la scène, et qu'il avait intitulé ainsi que quelques autres poëmes dialogués, moins généralement connus parmi ses oeuvres volumineuses : *Scènes dramatiques.* Dans leur nombre il nous a paru que le *Prométhée délivré* se distinguait des autres, par un coloris de sentiment et un groupement d'idées, dont le majestueux et harmonieux ensemble peut être regardé comme un des meilleurs tableaux, conçu par une des plus nobles et des plus hautes inspirations de ce poëte. Comme il l'avait indiqué lui-même, la musique devait naturellement s'allier aux grandes émotions que cette poésie a pour but de réveiller en nous. Il n'était d'ailleurs possible de mettre en scène cette production, qu'en faisant développer par le chant et l'orchestre, les sentimens profonds et élevés dont l'auteur n'a voulu donner en paroles qu'une ébauche, qui par son mérite, il est vrai, pourrait être comparée à ces cartons que les grands peintres ont dessinés comme modèles de tapisseries ou de mosaïques, et que l'on conserve comme des oeuvres précieuses. On fit donc précéder cette pièce d'une grande ouverture, et exécuter les chœurs que nous avons écrits pour cette occasion; les dialogues furent déclamés par les artistes dramatiques du théâtre. La mise en scène et l'apparition des personnages en costumes antiques, dans une représentation dont la nature se rapprochait davantage de l'oratorio que du drame, par l'absence du mouvement nécessaire à ce dernier genre, produisirent un effet qui obtint l'assentiment du public, et il nous sembla à nous, voir une succession de peintures dont les figures ajoutaient l'expression du chant, à celles de leurs attitudes.

Le 25 au matin, quelques bataillons de garde nationale, toutes les corporations de la ville avec leurs antiques bannières chargées d'antiques et bizarres devises qui se déployaient au vent, des députations des corps de la magistrature, des corps judiciaires, enseignans, etc., etc., se réunirent sur la place où s'élevait la tribune réservée à la famille Grand-Ducale, en face de la statue, encore voilée. Un discours fut tenu par M. le Conseiller Schöll, président du Comité auquel avait été confiée la tâche de mener à fin cette entreprise; après quoi la statue fut dépouillée de sa blanche enveloppe, pendant qu'un chœur chantait des vers qui répercutaient en idées vibrantes pour les assistans, comme en nombreux échos, les trois mots *Lumière, Amour, Vie,* que Herder prenait pour devise en les inscrivant autour d'un *Alpha* et d'un *Oméga*. Après que la statue fut solennellement remise à la garde du bourgmestre de la ville, un ancien ami et collègue du grand homme, M. le conseiller Horn, âgé de plus de soixante-dix ans, prononça aussi un discours qui termina la cérémonie. Parmi les nombreux étrangers venus à Weimar pour assister à la solennité, nous citerons MM. Schaller, l'auteur de la statue, Forster de Munich, Dingelsted qui écrivit le beau prologue prononcé à la fête anniversaire de Goethe, avant la représentation du Lohengrin, Gutzkow qui publie maintenant en feuilletons un roman de dix volumes (proportion encore inconnue aux ouvrages de ce genre en Allemagne), sous le titre des *Chevaliers de l'Esprit:* ordre nouveau dans lequel il a droit lui-même aux plus hauts grades; Chorlay, l'élégant et spirituel auteur de *Music and Manners in Germany*, publiciste plein de goût, de fine et bienveillante raillerie, d'une exigence, en fait d'art, intelligente et mesurée, d'une critique sobre et juste, sachant avec un tact rare, réclamer les droits des règles indispensables, sans décourager les tentatives des imaginations curieuses et inventives.

Nous aurions souhaité que, conformément au programme de ces fêtes, le Messie de Hændel eut été exécuté le soir du 25, dans l'église cathédrale. Les nombreux artistes musiciens venus pour entendre l'œuvre gigantesque de Wagner, dont le nom attire l'attention de toute la critique musicale en Allemagne, eussent volontiers écouté ces simples et sublimes accords, d'un style dont nous sommes si loin, et eussent peut-être trouvé un charme particulier à comparer les impressions produites par des chefs-d'œuvre d'ordre aussi différents, que sont différentes les colonnes doriques, de ces colonnes égyptiennes dont les fûts massifs, sont surmontés des chapiteaux les plus variés, les plus enlacés de lignes délicates, de feuillages touffus et gracieux. Un mésentendu regrettable empêcha l'exécution de cet oratorio, qu'on avait choisi parce que le texte chanté en Allemagne, est une traduction du texte anglais, faite par Herder.

Les chambres que Herder avait habitées furent exceptionnellement ouvertes au public, dans cette occasion. M. Röhr, qui les a occupées après lui comme successeur de sa charge, et qui déjà est mort aussi, les fit conserver intactes, dans l'état où les avait laissées son illustre prédécesseur. Dans un petit salon bleu, on voyait plusieurs portraits de Herder, qui, quoique faits d'après nature, étaient loin de nous rendre l'homme qu'on célébrait, avec autant de vérité que la statue de Mr. Schaller. En faisant cette observation, nous nous disions que s'il arrive au poëte et à l'artiste, de se tromper en cherchant le Beau là où il ne se trouve point, à eux seuls il est donné par compensation, de le saisir là où il échappe à d'autres, et de le faire comparaître à tous les yeux dans sa plus lumineuse radiance. Si sans tort parfois, on les accuse d'illusions devant certaines réalités, ils peuvent trouver une suffisante consolation en sentant qu'il en est d'autres, et les plus belles, qu'il n'appartient qu'à eux seuls de comprendre et de découvrir.

Dans cette chambre on voyait quelques reliques conservées avec soin, entres autres un bonnet de soie travaillé par la G^de^ Duchesse Amélie, dont l'âme pure et haute éprouva pour les doctrines si pleines d'humanité, et la personnalité si affective de Herder, une sympathie plus vive encore que pour les intelligences plus hardies et plus substantielles des autres hommes remarquables dont elle s'entourait, laissant dans cette amitié mutuellement illustre, le plus touchant témoignage des plus beaux élans de son cœur. A côté de ce souvenir était déposée la dernière plume que la main défaillante de Herder eût touchée, et la Bible qui lui avait appartenu, portant sur son maroquin usé, le chiffre en or de: *J. G. Herder.* Nous nous sommes approchés avec piété de ce volume, et nous avons cherché avec tout le respect qu'imposent les vestiges des grands travaux de grands esprits, si un de ses nombreux sinets n'était point encore resté à quelqu'une des pages, pour lesquelles il écrivit les gloses savantes et apologétiques qui furent si admirées. Nous avons essayé aussi de nous reporter aux heures où le philosophe, de ses mains glacées par les hivers, tournait ces feuillets, flamboyans de tant d'images brûlantes qu'y a déposées la poésie hébraïque, et de nous pénétrer des impressions que faisaient naître dans cette imagination si douce, les versets où s'épanchent de si ardentes passions, de si violentes douleurs, de si impérieuses aspirations. Ce fut au Psaume XVIII que le volume s'ouvrit devant nous. En lisant cette sombre et somptueuse description du cataclysme de la Nature entière, du bouleversement de la Création à l'approche du Seigneur, de ce Dieu d'Israël qui ne dédaigne point de venir dans toute la majesté de son cortége à l'appel et au secours d'un de ses serviteurs, nous nous sommes demandés si l'apôtre de l'humanité s'était autant assimilé la magnificence du sentiment que le Royal Prophète cachait sous son luxe d'images, et la sublime passion que respire cette ode sacrée, que le lyrisme plus calme du Psaume suivant?

Il est impossible de ne point refléchir en voyant à Weimar, cette ville où des hommes qui pourraient se disputer le droit de donner leur nom à leur époque se sont trouvés réunis durant la période la plus brillante de la littérature allemande, la statue de Herder s'élever avant celle de tout autre. Ce fait ne manque pas de signification, et nous aimerions à croire que sa cause se trouve dans la force des sympathies fondées sur un sentiment d'*humanité*. Quelques grandes que soient la surprise et l'admiration qu'excitent en nous le talent le plus poétique, comme celui de Wieland, la lyre qui rend les plus nobles accords, comme celle de Schiller, la plus vaste des intelligences, comme celle de Goethe, les hommes glorifient en premier lieu celui qui fit appel aux bienfaits de la Lumière, première condition de notre grandeur; aux droits de la Vie, première base des sociétés; aux lois de l'Amour, source première de leur bonheur et de leur stabilité: *Lumière, Amour, Vie,* Alpha et Oméga de la civilisation!

Les statues de Schiller et de Goethe s'élèvent déjà à Stuttgard et à Francfort, mais il convenait en effet que celle de Herder ait été la première érigée à Weimar, où nous sommes assurés qu'on verra bientôt aussi, celles d'autres grands hommes dont la prédilection pour cette ville a été sa gloire, ainsi que celle du Prince qui sut se faire un honneur de les rassembler autour de lui. S'il convenait, disons-nous, que Weimar possèdât d'abord le monument de Herder, c'est que son histoire nous montre une longue rangée de souverains, vivement animés d'un sincère amour de l'Humanité. Ils furent bons, soucieux du bien être matériel de leur peuple, religieux, consciencieux, et accordant aux lumières une protection si efficace, que leurs règnes marquèrent à plusieurs reprises, en époques brillantes pour les lettres et les arts. Nous ne saurions mieux faire que de citer ici quelques vers du prologue de M. Dingelstedt, dans lesquels on verra à travers les insuffisances de la traduction, les idées que nous exprimons, revêtues d'une forme éloquente que nous voudrions vainement atteindre, en parlant de cette Thuringe, qu'on a déjà tant chantée en si beau langage.

. . . .

«Sur le sommet de ses collines la triple étoile »du Passé ne cesse de répandre ses rayons. Le »château de la Wartbourg résonne encore du chant »des ménestrels dont le Landgrave Hermann pro-»voquait les poétiques combats. L'ordre de la Palme »en mit une aux mains du Duc Guillaume, et le »témoin présent à nos esprits dans cet instant so-»lennel, Charles-Auguste sut créer une nouvelle »Table-Ronde non moins merveilleuse que l'an-»cienne.

«Les voilà qui s'approchent, vivans pour nos »cœurs, en magnifique cortége, ces Majestés au-»gustes, ces Princes de la Poésie! Là, nous voyons »le chantre de l'Idéal; là, le pontife de l'Humanité; »là, l'ami des Grâces et des Muses antiques, et aux »milieu d'eux, le créateur d'un monde si beau dans »sa richesse, le magicien qui changea en un lau-»rier ombrageant toute la patrie allemande, l'an-»tique et frêle liane de Saxe[1])

. . . .

1) Allusion à la branche de rue qui traverse l'écusson des armes de la maison de Saxe.

«Elles furent à nous, ces étoiles dont la lueur »rayonna sur la terre entière! C'est ici que furent »réunies ces glorieuses apparitions, avant que la »mort eût séparé leurs mémoires! Que la Souabe »et la Franconie honorent maintenant avec une »tardive reconnaissance leurs héros morts! Nous »les avons possédés vivans, et les avons toujours »retenus au milieu de nous, pour ne les jamais »oublier!

«Et voyez maintenant! Celui que la mort nous »enleva d'abord, il vient de renaître dans un im- »mortel airain. Celui qui nous quitta le premier, »nous revient le premier aussi! Oh, puisse revenir »avec lui l'âge d'or des ménéstrels et des Poëtes! »l'âge d'une Humanité heureuse qu'il comprit si bien, »et appela de tant de vœux!

. . . .

«Continue, ô Weimar, ta noble mission! sois »encore l'antique sanctuaire de la Poésie et des »arts! . . . . . . alors tu redeviendras ce que tu étais »jadis! Ce que tu fus aux temps de Goethe, tu peux »l'être derechef dans nos temps non moins agités: »l'asyle du proscrit, le temple de l'initié, le port »et le salut dans les tempêtes du sort. L'Allemagne »te bénira comme son *Alma mater;* et l'on viendra »sur ton seuil comme sur un sol sacré, inviolable

»à tous les partis, se rencontrer dans ta noble et »généreuse paix!

. . . .

Le prologue dont nous extrayons ces vers, fut récité par M. Jaffé devant le nombreux public qui encombrait la salle du théâtre, et qui l'applaudit vivement. C'était le soir du 28 Août, et l'on peut dire que le choix qui avait été fait du *Lohengrin* pour fêter la mémoire de Goethe, était en tout point digne de lui, car Wagner aussi poëte que musicien, a donné au livret de cet opéra tout l'intérêt, toute la perfection littéraire d'une tragédie, par la savante originalité de son style, la beauté de sa versification, la contexture ingénieuse de l'intrigue dramatique, les mots d'éloquente passion qu'il y a renfermé. Cet opéra, qu'il est impossible de ne pas considérer comme un événement pour la musique allemande, et comme l'expression de tout un système nouveau pour l'art dramatique, méritait certainement de figurer aussi à titre d'une des plus poétiques productions que la muse de l'antique Germanie ait inspiré dans ces derniers temps, à la solennelle célébration d'une fête dont Goethe était l'objet.

II.

Quel que soit le degré d'admiration, de sympathie ou d'approbation qu'on accorde aux œuvres musicales de Wagner, ses antagonistes les plus déclarés, et ses détracteurs même, ne sauraient nier les remarquables qualités d'harmonie et d'instrumentation qu'elles renferment, le grand travail, les études appliquées dont elles font preuve, le génie de compositeur qu'elles révèlent. Chacune de ses productions est profondément méditée, savamment élaborée. Le style en est élevé; toute banalité en est exclue. Les sujets en sont poétiques, et il sait en faire jaillir toute leur puissance d'émotion. Si aujourd'hui encore ses opéras sont peu connus, si les directeurs de théâtre hésitent à les représenter, il faut indubitablement en chercher la cause, non dans les difficultés matérielles de ses partitions: elles seraient bientôt vaincues! mais dans les difficultés plus réelles, qui s'allient à l'introduction de tout un système nouveau dans l'art de la composition dramatique, celui d'entre tous, qui exige le plus impérieusement la faveur du public, si récalcitrant à prendre de nouvelles habitudes. Parmi les idées que Wagner a émises dans ses écrits sur l'art et son avenir, idées que nous ne nous proposons point de reproduire ici dans leurs nombreux embranchemens, celle qui agit le plus immédiatement sur la direction que prend son génie, est la conception du *Drame* lui-même, dans des conditions encore inconnues.

Long-temps on s'est contenté de voir les représentations scéniques puiser leur principal intérêt dans le déploiement de l'un des arts qui s'y approprient, tandis qu'on reléguait les autres parmi les accessoires. Ainsi, on se contentait d'une pauvre musique dans les entr'actes d'une tragédie; l'on ne demandait qu'une bien médiocre dose de vraisemblance et de poétique conception, aux livrets des opéras; on attachait une importance très-secondaire au jeu et à la pantomime des chanteurs, etc., etc. Peu à peu les artistes compositeurs et exécutans, en ajoutant quelques avantages surérogatoires, aux qualités essentielles à leurs vocations, firent connaître au public des plaisirs plus exquis, et rehaussèrent les prestiges d'un art, en lui associant l'action d'un autre, acquis par eux à un égal degré de perfection. En dernier lieu, ce fut Meyerbeer qui tissa ses magnifiques partitions, sur une trame, du plus vif intérêt; ce fut la Malibran et sa sœur, qui chantèrent en tragédiennes. Le public tout en admirant avec enthousiasme ces rares exceptions, ne devint pourtant pas injuste pour ceux qui se bornaient aux simples exigences de leur spécialité. Mais il se trouva une imagination ardente, un génie extraordinaire, destiné à porter une double couronne de flamme et d'or, qui rêva ambitieusement comme rêvent les poètes, un progrès tel, que s'il est jamais donné à l'art de le réaliser, et aux sociétés de le goûter, ce ne peut être que dans un temps où les publics ne se composeront plus de cette masse flottante, ennuyée, distraite, ignorante, présomptueuse, qui vient de nos jours dans les salles de spectacle prononcer des arrêts et dicter des lois, que les plus hardis tentent à peine d'éluder.

Wagner, l'artiste passionné, dont il ne suffirait pas de dire qu'il est consciencieux dans son amour du Beau, car il est rongé par la noble et secrète plaie du fanatisme de l'art, Wagner, dont l'esprit autant par ses facultés que par sa haute culture, était également sensible aux charmes de tous les arts, et dont le cœur battait avec la même animation devant l'Iphigénie d'Euripide que devant celle de Gluck, Wagner prit en dédain nos us et coutumes. Blessé par chaque détail qui ne répondait point à la beauté suprême du principal élément de l'effet scénique, il crut qu'il n'y avait qu'à vouloir pour créer un *Drame*, auquel tous les arts que le théâtre embrasse, concourraient à la fois, dans une même perfection, et il se persuada que l'apparition d'un drame pareil, ferait nécessairement abolir la méthode actuelle, qui consiste à appeler alternativement au bénéfice d'un art préféré, le secours de plusieurs autres qui ne lui servent que d'auxiliaires et sont destinés, non à se développer eux-mêmes, mais à mettre en relief celui auquel l'auteur, dans sa composition, veut donner la plus grande importance. Wagner s'affirma à lui-même la possibilité de rallier en un seul faisceau, d'indissolublement unir et d'intimement entrelacer, la poésie, la musique, l'art du tragédien en premier lieu, et de les concentrer *tous* ensuite sur la scène. *Tous*, selon lui, doivent y être enclavés et exclusivement renfermés pour concourir à l'effet qu'ils sont *tous* appelés à produire par leur ensemble miraculeusement harmonieux.

Nous sommes fort loin de vouloir préjuger de la valeur des argumens, déjà passionnés, qui se croisent dans le monde musical de l'Allemagne, en attaquant ou en défendant ce désir d'une vaste conquête pour les manifestations splendides de la scène. La pensée de Wagner est osée mais belle; son souhait d'une audace peu commune, mais digne d'un grand artiste, alors même qu'il serait irréalisable. Quand de pareilles ambitions se présentent, secondées par le génie, fussent-elles des erreurs, il devient presqu'aussi superflu de les préconiser que de les combattre, avec d'arides raisonnemens. Ne plaident-elles point assez en leur propre faveur, par l'éclat du but qu'elles cherchent à atteindre? N'auront-elles point assez à lutter contre les faits, et les oppositions naturelles qu'elles rencontreront sur leur chemin? Si elles doivent vaincre (et pourrait-on après tant de victoires imprévues leur dénier cette chance?) pourquoi vouloir enrayer les roues d'un si beau char de triomphe? Nous ne nous proposons donc nullement de collecter ici, ce qui peut être dit pour, ou contre le système de Wagner. Il en est assez qui s'en acquitteront avec une chaleur et une verve de partialité, qu'il nous serait impossible d'apporter à ce débat, et qui sont nécessaires peut-être à la mise en lumière de toutes les qualités et de tous les défauts d'un système. Nous nous sommes seulement crus obligés de donner cet apperçu sommaire des idées de l'auteur du Tannhæuser, sur ce qu'il nomme le *Drame*, parce que, Lohengrin, son dernier ouvrage, qui vient d'être représenté à Weimar pour la première fois, est celui qui d'entre tous, les manifeste de la manière la plus absolue jusques à présent; celui qui semble avoir été inspiré par ses plus intimes et ses plus vives émotions; celui qui reproduit le plus concrètement les plus nobles traits de son individualité, et celui qu'il est impossible d'apprécier avec justice, si l'on veut y chercher l'ancienne facture d'opéra, les divisions accoutumées des morceaux de chant, la distribution reçue des airs, romances, solos, et *tutti,* en un mot toute l'économie adoptée pour faire valoir les chanteurs et les mélodies, dans une proportion souvent arbitraire en faveur des premiers.

Wagner abjure solennellement toute prise en considération des exigences habituelles de *prima donna assoluta*, ou de *basso-cantante.* A ses yeux il n'y a pas de chanteurs, il n'y a que des rôles, si bien qu'il trouve parfaitement simple de faire garder le plus complet silence à une première cantatrice durant tout un acte, où sa présence, effectivement nécessaire à la vraisemblance de la scène, ne doit être marquée que par un jeu muet, certainement aussi dédaigné qu'inexécutable à toute *diva* italienne. Il ne faut point s'attendre, à y trouver des cabalettes, ni aucun de ces morceaux qui viennent se placer sur les pupitres et les pianos des amateurs, car il est plus que difficile de détacher une partie quelleconque, de l'unité si complète et si compacte que forment ses opéras, par l'effet de leur style incessamment maintenu dans une région encore inexplorée, presqu'aussi éloignée du récitatif banal, que des phrases cadencées de nos grands airs. Il faut au contraire être préparé à voir des personnages trop pleins de leurs passions, pour se livrer aux passe-temps de la vocalise, et en qui le chant devient comme la versification de la tragédie, un langage naturel, lequel loin d'entraver la marche de l'action dramatique, ne la rend que plus saisissante. Mais tandis qu'ils déclament avec une simplicité qui s'élève au sublime, la musique, loin de perdre de l'étendue de son domaine, trouve dans l'orchestre de Wagner, ses limites reculées bien au loin. C'est lui qu'il charge de refléter, pour nous les révéler, l'âme, les passions, les sentimens, les moindres émotions de ses personnages. L'orchestre devient chez lui comme l'écho, le vêtement subtil qui nous laisse percevoir toutes les vibrations de leurs cœurs; on dirait qu'ils palpitent dans ce milieu, et qu'à travers ses parois sonores et diaphanes, nous en surprenons depuis les plus impétueux bondissemens, jusqu'aux plus légers frissons. Là, nous entendons les cris de la haine, les rages de la vengeance, les tendresses de l'amour, les extases de l'adoration; les plus mystiques rêves s'y dessinent dans un vague nébuleux; les plus fières impulsions s'y colorent de teintes éclatantes.

Chacun des ouvrages de Wagner a marqué un

pas fait dans la voie qu'il poursuit. *Rienzi* rapelle encore les vieilles coutumes, dans la coupe des récitatifs, des duos, des morceaux d'ensemble. Dans *le Vaisseau-Fantôme*, cette manière disparaît déjà sensiblement devant la nouvelle, et Tannhäuser est tout à fait affranchi, de ce que l'auteur considère comme les préjugés de la tradition.

Quel que soit le sort que l'avenir réserve à son système, on ne saurait douter du moins, que la connaissance de ses productions ne conduise tôt ou tard les compositeurs d'opéras, à une orchestration plus éloquente, plus fondue avec la nature de leurs sujets qu'elle n'est de rigueur encore, et surtout à un choix de livret, dont la contexture puisse offrir un intérêt sérieux et soutenu, et la poésie un charme indépendant des rhythmes qui y sont adaptés. En voyant les plus belles tragédies de toutes les littératures impitoyablement mutilées et réduites aux plus informes fouillis de pitoyables vers, lorsqu'il s'agit de transporter sur le terrain de la musique l'expression des passions qu'elles mettent en jeu et le mouvement dramatique des situations qu'elles amènent, on ne peut qu'éprouver une vive satisfaction, dès qu'il se présente quelque espérance de voir abolir un jour, les insoutenables invraisemblances, les ridicules rimes, les grossiers ressorts, les rebuts d'imagination qui, durant si longtemps, ont d'ordinaire parus assez bons, pour servir d'étoffe aux plus admirables chefs-d'œuvre du génie musical. N'est-il donc point temps que les compositeurs se refusent à accepter des livrets pareils à ceux que Voltaire stigmatisait, par la sanglante raillerie du bon mot, si répété depuis: «Ce qui serait trop sot pour être dit, on le chante.» Quant à nous, s'il advenait une extrémité où de deux maux, il fallût choisir le moindre, nous pensons que le plus léger, le moins fâcheux et le moins long, serait encore d'entendre débiter d'une voix naturelle, ce qui serait trop sot pour être chanté.

Ainsi que nous l'avons dit, le livret du Lohengrin est en lui-même une œuvre dramatique, qui renferme des beautés du premier ordre. Pour bien comprendre la marche de la pièce au théâtre, et saisir l'intention et la portée de la musique dès les premières mesures de l'introduction, il faut connaître d'avance le mystère sur lequel roule toute l'action du drame, où il ne se dévoile qu'à la dernière scène. Ce mystère repose sur la tradition du St Graal qu'on trouve dans les romans de chevalerie, et qui occupe une grande place, dans les poëmes de Wolfram d'Eschenbach. Le sujet du Lohengrin est extrait d'un de ces poëmes. Tout le squelette des événemens en est pris, avec de très-légères modifications, nécessitées par les convenances de la scène. Mais de quelle poésie de sentiment Wagner ne l'a-t-il pas revêtu? Eh! que sont les événemens? Le cahot des destinées! Quel insipide divertissement que le simple récit des mésaventures de ce grand voyage, dont la route est aussi raboteuse, aussi semée de fondrières, pour les uns que pour les autres? Si les événemens inspirent de l'intérêt, c'est par les sentimens et les douleurs qu'ils réveillent dans le cœur humain, et celui qui sait le mieux les depeindre, en est le vrai poëte!

Wolfram von Eschenbach fut un des plus célèbres Minnesänger du XIIe siècle; l'un de ceux qui se distinguèrent le plus dans les *combats de chanteurs*, qui eurent lieu au château de la Wartbourg. Il appartint à l'école spiritualiste des chantres de cette époque, et tient une des premières places parmi ceux qui exaltèrent la chasteté et la pureté dans l'amour, les croyances comme les sentimens les plus pieusement poétiques. Les chroniques disent qu'il chanta le poëme du Lohengrin pour la première fois, à la prière du Landgrave de Thuringe, des Dames présentes, et de son ennemi lui-même, le magicien Klingsor, un jour où celui-ci cherchant à le tenter à mal et à le gagner au diable en excitant son envie et son orgueil par une science supérieure à la sienne, lui proposait des problèmes étranges, qu'à sa honte et à sa surprise, Wolfram inspiré par la Vierge qu'il servait si fidèlement, parvenait toujours à résoudre avec une facilité innatendue, et d'une manière si naturelle, qu'il remplit son adversaire de confusion. On n'ignore pas que W. v. Eschenbach, fût l'auteur de la fameuse épopée de *Parcival et Titurel.* Lohengrin fils de Parcival, est le héros de ce poème fondé sur la tradition du St Graal.

Le St Graal était une coupe faite d'une pierre précieuse et éblouissante, tombée de la couronne de Lucifer au moment de sa chute. Dans cette coupe, Notre Seigneur consacra le pain et le vin à la Ste Cène, et Joseph d'Arimathié y recueillit le sang qui s'échappait de la plaie faite à son côté lorsqu'il était en croix. Joseph dans la suite apporta cette coupe en Angleterre, où elle fut commise à la garde du Roi Artus et des chevaliers de la Table-Ronde. Plus tard, Parcival le plus parfait des chevaliers, emporta le St Graal aux Indes; de là il fut transporté au *Mont Salvat,* qui selon les uns était dans l'Aragon, selon d'autres dans l'Inde aussi. C'était une montagne sainte, entourée au loin d'une forêt de cyprès et de cèdres, que nul ne pouvait traverser sans y être mystérieusement guidé, par la volonté de Dieu. Là, Titurel bâtit un temple magnifique en or, en bois d'aloës, et en fines pierreries, où le St Graal fut définitivement déposé. On y trouvait une douce fraîcheur en été, et une tiède atmosphère en hiver. Le soin et la garde de ce temple étaient confiés aux chevaliers que le St Graal choisissait et indiquait lui-même, par des signes, à l'aide desquels ils recevaient tous ses commandemens. Quiconque l'avait contemplé n'était plus soumis à la mort, et quiconque le servait, était à l'abri de tout péché mortel. Ces chevaliers jouissaient d'une félicité parfaite, goûtant même d'avance celles que le Ciel réserve aux justes après qu'ils ont quitté cette terre. Le Jeudi saint, une colombe apportait chaque année une divine hostie, qu'elle déposait dans la coupe miraculeuse. Les chevaliers qui voulaient atteindre au plus haut degré de la vertu, cherchaient cette montagne en parcourant tous les pays, et en accomplissant des actes de valeur et de sainteté, car il n'y avait que ceux qui étaient parfaitement purs et irréprochables, qui pussent espérer de pénétrer un jour jusqu'au St Graal, pour être reçus au nombre de ses serviteurs, lesquels composaient la plus pieuse et la plus glorieuse des chevaleries. Parcival en était le chef, et Lohengrin, son fils, un des plus vaillans et des plus nobles héros.

Wagner a donné à l'ouverture de Tannhaüser l'étendue d'une grande composition symphonique, et quoique les motifs principaux de l'opéra, en forment la substance, cette ouverture peut néanmoins être considérée comme une œuvre à part, qui, détachée du reste, garderait toujours sa valeur intrinsèque, et serait comprise et admirée de ceux mêmes qui ne connaîtraient pas le drame dont elle est le magnifique résumé. Il n'en est pas ainsi du prologue instrumental qui précède Lohengrin. Trop court, car il n'a que soixante-quinze mesures, pour être exécuté séparément, il n'est qu'une sorte de formule magique, qui, comme une initiation mystérieuse, prépare nos âmes à la vue de choses inacoutumées et d'un sens plus haut que celles de notre vie terrestre. Cette introduction renferme et révèle l'élément mystique, toujours présent et toujours caché dans la pièce ; secret divin, ressort surnaturel, suprême loi de la destinée des personnages, et de la sucession des incidens que nous allons contempler. Pour nous apprendre l'inénarrable puissance de ce secret, Wagner nous montre d'abord la beauté ineffable du sanctuaire, habité par un Dieu qui venge les opprimés, et ne demande qu'amour et foi à ses fidèles. Il nous initie au St Graal; il fait miroiter à nos yeux ce temple de bois incorruptible, aux murs odorans, aux portes d'or, aux solives d'asbeste, aux colonnes d'opales, aux ogives d'onyx, aux parvis de cymophane, dont les splendides portiques ne sont approchés, que de ceux qui ont le cœur élevé, et les mains pures. Il ne nous le fait point appercevoir, dans son imposante et réelle structure, mais comme ménageant nos faibles sens, il nous le montre d'abord refleté dans quelque onde azurée, ou reproduit par quelque nuage irisé.

C'est au commencement une large nappe dormante de mélodie, un éther vaporeux qui s'étend, pour que le tableau sacré s'y dessine à nos yeux profanes; effet exclusivement confié aux violons, divisés en huit pupîtres différens, qui, après plusieurs mesures de sons harmoniques, continuent dans les plus hautes notes de leurs registres[1]). Le motif est ensuite repris par les instrumens à vent les plus doux; les cors et les bassons en s'y joignant préparent l'entrée des trompettes et des trombones, qui répètent la mélodie pour la quatrième fois, avec un éclat éblouissant de coloris, comme si dans cet instant unique l'édifice saint avait brillé devant nos regards aveuglés, dans toute sa magnificence lumineuse et radiante. Mais le vif étincellement amené par degrés à cette intensité de rayonnement solaire, s'éteint avec rapidité, comme une lueur céleste. La transparente vapeur des nuées se referme, la vision disparaît peu à peu dans le même encens diapré, au milieu duquel elle est apparue, et le morceau se termine par les premières six mesures devenues plus éthérées encore. Son caractère d'idéale mysticité, est surtout rendu sensible par le pianissimo

1) Voyez Supplément No. 1.

toujours conservé dans l'orchestre, et qu'interrompt à peine le court moment où les cuivres font resplendir les merveilleuses lignes du seul motif de cette introduction. Telle est l'image qui à l'audition de ce sublime *adagio*, se présente d'abord à nos sens émus.

Il serait plus difficile de dépeindre les sentimens qu'elle réveille, et qui se rapprochent de ce que notre cœur peut comprendre des plus extatiques ravissemens. Si Dante, pour nous faire concevoir les béatitudes des dernières sphères du Paradis en même temps que leur beauté, compara les chœurs des âmes bienheureuses groupées et pressées en innombrables multitudes, aux feuilles d'une rose s'inclinant toutes vers le même centre, nous oserons peut-être dire, ne pouvant traduire que par une autre image l'impression laissée par ce chant qu'on croirait descendu des mystérieuses hauteurs de l'Empyrée, qu'elle ressemble à l'ascétique ivresse que produirait sans doute en nous, la vue de ces fleurs mystiques des célestes séjours, qui sont toute âme, toute divinité, et répandent un frémissant bonheur autour d'elles. La mélodie s'élève d'abord comme le frêle, long et mince calice d'une fleur monopétale, pour s'épanouir ensuite de même qu'elles en un élégant évasement, une large harmonie, sur laquelle se dessinent de fermes arrêtes, dans un tissu d'une si impalpable délicatesse, que la fine gaze parait ourdie et renflée par les souffles d'en haut; graduellement ces arrêtes se fondent; elles disparaissent d'une manière insensible dans un vague amoindrissement, jusqu'à ce qu'elles se métamorphosent en insaisissables parfums qui nous pénètrent comme des senteurs venues de la demeure des Justes.

Le spectateur préparé et résigné à ne chercher aucun de ces morceaux détachés, qui engrenés l'un après l'autre sur le fil de quelque intrigue, composent la substance de nos opéras habituels, pourra trouver un singulier intérêt, à suivre durant trois longs actes, la combinaison profondément réfléchie, étonnamment habile, et poétiquement intelligente avec laquelle Wagner, aux moyens de plusieurs phrases principales, a serré un nœud mélodique qui constitue tout son drame. Les replis que font ces phrases en se liant et s'entrelaçant autour des paroles du poème, sont d'un effet émouvant au dernier point. Mais si, après en avoir été frappé et impressionné à la représentation, on veut encore se rendre mieux compte de ce qui a si vivement affecté, et étudier la partition de cette œuvre d'un genre si neuf, on reste étonné de toutes les intentions et nuances qu'elle renferme et qu'on ne saurait immédiatement saisir. Quelles sont les épopées et les drames de grands poëtes qu'il ne faille pas longtemps étudier, pour se rendre maître de toute leur signification?

Wagner par un procédé qu'il applique d'une manière tout à fait imprévue, réussit à étendre l'empire et les prétentions de la musique. Peu content du grand pouvoir qu'elle exerce sur les cœurs en y réveillant toute la gamme des sentimens humains, il lui rend possible d'inciter nos idées, de s'adresser à notre pensée, de faire appel à notre réflexion, et la dote d'un sens moral et intellectuel. Déjà nous avions vu dans les Huguenots, le rôle de Marcel, incrusté en quelque sorte dans le choral de Luther, qui personnifie non-seulement sa foi, mais toute l'inflexible exaltation de son esprit, tout le sens de ses actions. Wagner a dépassé cette intention si heureuse de Meyerbeer. Il a mélodiquement dessiné le caractère de ses personnages et de leurs passions principales, et ces mélodies se font jour dans le chant ou dans l'accompagnement, chaque fois que les passions et les sentimens qu'elles expriment sont mises en jeu. Cette persistance systématique est jointe à un art de distribution, qui offrirait par la finesse des apperçus psychologiques, poétiques et philosophiques dont il fait preuve, un intérêt de haute curiosité, à ceux aussi pour qui les croches et doubles croches sont lettres mortes et purs hiéroglyphes. Wagner forçant notre méditation et notre mémoire à un si constant exercice, arrache par cela seul l'action de la musique au domaine des vagues attendrissemens, et ajoute à ses charmes quelques-uns des plaisirs de l'esprit. Par cette méthode, qui complique les faciles jouissances procurées par une série de chants rarement apparentés entre eux, il demande une singulière attention du public, mais en même temps, il prépare de plus parfaites émotions à ceux qui savent les goûter. Ses mélodies sont en quelque sorte des personnifications d'idées; leur retour annonce celui des sentimens que les paroles qu'on prononce n'indiquent point explicitement; c'est à elles que Wagner confie de nous révéler tous les secrets des cœurs. Il est des phrases, celle par exemple de la première scène du second acte, qui traversent l'opéra comme un serpent venimeux, s'enroulant autour des victimes, et fuyant devant leurs saints défenseurs; il en est, comme celle de l'introduction, qui ne reviennent que rarement, avec les suprêmes et divines révélations. Les situations où les personnages de quelque importance, sont tous musicalement exprimés, par une mélodie qui en devient le constant symbole. Or, comme ces mélodies sont d'une rare beauté, nous dirons à ceux qui, dans l'examen d'une partition, se bornent à juger des rapports de croches et doubles croches entre elles, que si même la musique de cet opéra devait être privée de son beau texte, elle serait encore une production de premier ordre.

Au lever du rideau nous voyons l'Empereur Henri l'Oiseleur, arrivé dans le Brabant, pour en convoquer les seigneurs à une campagne qu'il allait entreprendre contre les Hongrois. La scène se passe au Xe siècle, sur les bords de l'Escault, où sont rassemblés autour de lui les Ducs, Comtes, et Hauts Barons, suivis de leurs vassaux et gens de guerre. En arrivant dans ce pays, Henri le trouve déchiré par les discordes et les haines des premiers seigneurs, et il interroge le Comte Frédéric de Telramund, comme le plus vaillant et jouissant du meilleur renom, pour en connaître les causes. Frédéric lui apprend «que c'était à lui que le feu Duc de Brabant avait »confié en mourant la garde de ses enfants, Elsa et »Godefroi; qu'un jour où la sœur sortit seule avec »son frère, pour se rendre dans un bois, celui-ci »disparut, et qu'Elsa sans doute l'avait tué, pour »faire tomber sur sa tête la couronne de son père, »et la partager avec un indigne amant; qu'outré de »tant de perversité il avait renoncé aux droits que »le Duc de Brabant lui avait donné sur sa main, et »avait épousé Ortrude Radbod, dernier rejeton de »la maison des anciens Princes de la Frise.» Il présente alors au roi, Ortrude, dont le sourire amer et railleur, l'attitude hautaine, et le regard faussement humble ou étincelant de haine, nous font deviner l'âme sombre et ambitieuse. Frédéric ajoute «qu'il »accuse hautement Elsa de fratricide, et réclame

»pour lui-même la couronne de Brabant, comme le »plus proche par le sang du feu Duc, et comme »époux d'Ortrude de la lignée des anciens souve- »rains du pays.» À ce récit, tous les soupçons s'élèvent contre Elsa, et l'Empereur la fait solennellement comparaître devant son tribunal.

À peine l'appel du hérault a-t-il cessé de se faire entendre, qu'une mélodie d'une exquise douceur et d'un rhythme impalpable, comme une désolation sans recours[1]), remplace dans l'orchestre les discordances tumultueuses, et nous apprend déjà combien est pure, chaste et sainte, la jeune fille accusée de meurtre, de secrètes amours, et de coupables ambitions. Elle s'avance, vêtue de blanc, couverte de longs crêpes noirs, silencieuse, timide et émue de l'appareil qui l'environne. L'Empereur lui demande s'il la reconnaît pour son juge? elle lève sur lui un regard assuré, et répond par un signe de tête affirmatif. Il lui demande ensuite si elle sait de quels forfaits elle est accusée? Se tournant vers Frédéric avec tristesse, elle répond de même, qu'elle en est instruite. «Qu'avez-vous donc à dire pour »votre défense, Elsa de Brabant?» lui dit encore l'Empereur. Elle répond de nouveau par un geste muet: «Rien.» Le contraste entre l'horreur de ses

1) Voyez Supplement No. 2.

crimes supposés, et la virginale candeur de la Princesse, fait succéder dans les assistans l'incertitude à l'indignation. L'Empereur l'interroge de rechef: «Vous reconnaissez-vous donc coupable?» Sans répondre, elle soupire en disant: «Oh, mon »pauvre frère!» Après un long silence, le juge de cette belle accusée, l'invite avec douceur à lui parler en confiance. Une sorte de ravissement semble alors s'emparer d'elle, et comme dans un accès de somnambulisme elle raconte «qu'en se voyant ainsi seule, »abandonnée, sans secours ni refuge humain, elle »avait adressé ses larmes, ses sanglots, et ses sup»plications au Seigneur de toute justice, en le priant »d'avoir pitié d'elle, et qu'en cet instant elle s'était »endormie d'un profond sommeil.» On croit, qu'elle délire; l'Empereur l'engage à songer à sa défense; mais elle continue son récit en disant que «durant »ce sommeil elle avait vu en rêve un chevalier vêtu »d'une armure d'argent, dont les brillans regards »semblaient vouloir la consoler; qu'il était venu à elle »du haut des Cieux, et que du geste il lui avait promis »de la sauvegarder dans ce péril extrême.» — «C'est »lui,» ajoute-t-elle, «que je choisis pour mon défen»seur!» Lors-qu'elle prononce les paroles qui dépeignent l'apparition du chevalier, l'orchestre reprend quatremesures de l'introduction, comme pour mentionner le St Graal, et attaque une mélodie qui est destinée à représenter l'individualité du Lohengrin, car elle revient plus tard, chaque fois que celui-ci prend une part décisive à l'action. D'un caractère martial et doux, elle semble l'expression d'une supériorité pleine de générosité dans sa victoire; ce sont les cors et les trompettes, qui généralement la dessinent. — Frédéric raille la vision d'Elsa, et en calomnie la pureté, offrant à soutenir son accusation les armes à la main. Mais aucun des Seigneurs présens ne veut encourir son ressentiment et n'ose assez croire à l'innocence d'Elsa, pour embrasser la cause de l'accusée.

Cependant l'Empereur hésitant et troublé, veut qu'un *Jugement de Dieu* décide de quel côté est la vérité ou le mensonge. Le peuple acclame à cet ordre, et les cuivres entonnent une phrase dans un rhythme énergique et sévère, qui se retrouve désormais toujours, lorsqu'il est fait appel à ce divin jugement[1]). Frédéric et Elsa acceptent le décret du Souverain, et quand celui-ci demande à Elsa qui elle choisit pour son champion, elle reprend son récit interrompu, en disant qu'elle confiait sa défense à celui qu'elle avait vu en rêve: «S'il est vainqueur, »il portera la couronne de Brabant. Je me croirai »heureuse qu'il veuille prendre tout ce que je pos»sède, et s'il désire m'appeler son épouse, tout ce

1) Voyez Supplément No. 3.

»que je suis est à lui!» Nous regrettons de ne pouvoir rendre la naïve grâce de ces vers qui portent si bien le cachet d'humble dignité particulière à la vertu chrétienne. Le hérault fait sonner l'appel aux quatre coins de l'horizon. Personne ne paraît. Elsa demande qu'on le répète, et tandis qu'elle dit avec ingénuité: «Mon champion est loin peut-être, et »ne peut entendre!» les sanglots qu'elle refoule en son cœur, retentissent d'une manière déchirante dans l'accompagnement. L'appel est renouvelé. — Même silence. — Le peuple commence à croire, que celle qui est si abandonnée, n'est point digne de la protection de Dieu. Éperdue, désespérée, elle se jette à genoux, et implore le Ciel de lui envoyer ce défenseur promis, de le faire arriver à son secours, tel que dans son sommeil elle l'a vu. Ces dernier mots sont suivis par une entrée pianissimo de trois trompettes, qui répètent la phrase que nous avons déjà citée comme particulièrement affectée à la personnalité de Lohengrin[1]).

On aperçoit tout d'un coup dans le lointain, sur les flots de l'Escault, un cygne conduisant une nacelle, où se trouve un chevalier revêtu du costume qu'Elsa disait avoir vu en songe. Sur ce dernier motif, le chœur des assistans s'écrie: «Miracle!

1) Voyez Supplément No. 4.

»Merveille! . . . un chevalier arrive couvert d'une »armure qui éblouit nos yeux! . . . c'est un envoyé »de Dieu! . . .» À mesure que la nacelle approche, le chœur grandit, s'élève, monte, monte toujours, et atteint à un éclat d'un effet qu'il est impossible de ne pas ranger parmi les plus saisissans que l'art de la musique ait jamais produits.

Wagner traite ses chœurs avec un soin de composition extrême. La plupart sont écrits à huit parties réelles, et celui-ci, qui est le plus étonnamment conçu et le plus heureusement gradué, se fait en outre remarquer par la vraisemblance pittoresque qui résulte de ces voix partagées. La curieuse suprise des uns, la pieuse et naïve foi de l'ébahissement des autres, la terreur de ceux-ci, le saisissement de tous, s'expriment comme des exclamations individuelles, et le motif étant plein de pompe et de majesté, acquiert dans le crescendo de cet immense développement, une puissance qui donne peut-être à cet instant l'intérêt le plus imminent, et le plus dramatique de toute la pièce. Les plus froids, les plus mal disposés pour ce nouveau genre de musique, se trouveraient entraînés et transportés par cet admirable morceau.

Lorsque la barquette touche à la rive, le motif de l'introduction est indiqué dans deux mesures; le chevalier en mettant le pied sur la plage se tourne vers le cygne, et le reprend dans les premières mesures d'un chant, qui n'est accompagné que par une tenue de tierce interrompue, dans les premiers violons. Cette monodie est suave, mélancolique et vibrante. Lohengrin prend congé du cygne auquel il dit de retourner dans leur heureuse patrie, sur les flots destinés à l'y conduire. Ces accens sont si visiblement empreints d'un regret de félicité, l'adieu qu'il adresse à son conducteur, si plein des peines d'une séparation, qu'il n'est pas besoin de savoir quel est ce mystérieux héros, pour comprendre qu'en arrivant sur cette terre de combats acharnés, d'innocence persécutée, de crime triomphant, il quitte une sphère de radieuse quiétude et de sereine gloire.

La musique ne possédait point encore un type que les peintres et les poëtes ont si souvent cherché à reproduire. Elle n'avait point encore exprimé le pur attendrissement, la sainte douleur, qui saisissent les anges ou les êtres supérieurs à l'homme et meilleurs que lui, quand ils sont exilés du Ciel, et envoyés vers notre triste séjour, pour y accomplir des missions bienfaisantes. Nous ne croyons pas qu'elle ait maintenant rien à envier sous ce rapport aux autres arts, car nous ne pensons pas que dans aucun d'eux, ce sentiment ait jamais été rendu avec une aussi exquise, une aussi céleste perfection. Certainement une grande partie de l'effet que l'auteur voulait produire dépend de la suavité de timbre de la voix du ténor, s'élevant seule dans le profond silence qui suit l'explosion d'enthousiasme du dernier chœur, dont la salle résonne encore. Néanmoins, si même ce timbre n'était pas aussi velouté, aussi doux, aussi argentin, qu'il serait à désirer, la beauté de la mélodie produirait encore une impression profonde.

Lohengrin annonce en s'avançant, qu'une jeune fille étant cruellement accusée, il arrive, chargé de la défendre; pendant ces mots, le motif de l'introduction apparaît derechef, comme pour rappeler Celui, qui l'a envoyé. Il demande à Elsa si elle l'accepte pour champion? Elle se précipite émue et haletante à ses genoux, avec une adoration passionnée, et répète ses propres paroles adressées peu d'instans auparavant à son vengeur inconnu: «Oh, sauve-moi! et tout ce que je suis est à toi!» La laissant prosternée, il lui dit: «M'acceptez-vous »pour époux, si je suis victorieux?» Ici la mélodie affectée au souvenir du St Graal, revient comme un léger écho pour la dernière fois, jusqu'à ce qu'elle soit reprise dans toute sa largeur à la fin du drame. Lohengrin continuant avec une solennité croissante, déclare à Elsa, «que si elle veut qu'il protége »son royaume, et que leur bonheur ne soit point

»détruit, si elle veut enfin qu'il reste auprès d'elle, »elle ne doit jamais connaître, ni désirer savoir, ni »demander, de quel pays il arrivait, quel était son »nom et la nature de son être.» Qu'il semble aisé à Elsa de le jurer, et avec quel empressement elle réitère ce serment, lorsque le chevalier en répète une seconde fois la formule, avec une impérieuse austérité!

Cette défense est chantée sur une phrase qui doit naturellement être une de plus importantes de l'opéra entier[1]), puisque tout l'intérêt dramatique est concentré sur le mystère que cache ce commandement. Elle est de huit mesures adagio, extrêmement saisissante et très-aisément reconnaissable, même alors que le premier membre composé de deux mesures est seulement reproduit.

Après qu'Elsa a répété son serment avec la tendre confiance d'une humble enfant en un puissant défenseur, Lohengrin la rélève, et, par un geste plein de joie, comme si elle venait de sortir triomphante d'une épreuve, il la serre dans ses bras en lui disant: «Je t'aime, Elsa! . . .» Cette parole si pleine d'amour, et comme d'admiration et de reconnaissance cachées, et cependant si excessivement simple,

1) Voyez Supplément No. 5.

en succédant à tant d'anxiété, à des émotions si vives et si agitées, rappelle par sa brièveté éloquente, la solennelle simplicité des anciens tragiques, et produit un des momens les plus attendrissans qu'on puisse rencontrer dans le repertoire de la scène moderne. Lohengrin se révélant déjà comme un demi-dieu par sa miraculeuse intervention, nous découvre ainsi dès l'abord, que la Puissance qui a doué son bras d'une force surnaturelle, n'étouffe point dans le cœur de ses élus, ni les aspirations ni les tendresses de l'amour, et que ces tendresses ont des joies et des félicités si hautes, qu'elles peuvent faire chérir, même l'exil des suprêmes béatitudes, et emparadiser, même cette vallée de larmes et de violences.

On ordonne ensuite le combat. Le hérault le proclame. Les instrumens reprennent la phrase rhythmique du Jugement de Dieu, qui, pendant le duel est exécutée en canon entre les cuivres, les violoncelles et les contrebasses de l'orchestre, où l'on croit saisir la reproduction matérielle de la lutte des combattans. Avant que les champions en viennent aux mains, l'empereur fait une prière: tous s'agenouillent, et implorent la grâce divine pour que l'innocence soit vengée et le coupable découvert. A ce moment, le tableau que présente la scène est réellement imposant. Elsa ravie, les yeux levés, semble voir les Cieux ouverts, tandis que de l'autre côté de l'empereur qui s'est avancé vers le milieu du groupe, on est étonné d'apercevoir une tête que la piété n'a point penchée. Tout près de Frédéric incliné dans une attitude de colère et d'involontaire terreur, qu'augmentent les murmures des amis qui lui conseillent de refuser un si étrange adversaire, est agenouillée une jeune femme dont les regards distillent la haine, et qui à la vue du cygne merveilleux, avait poussé un cri d'épouvante. C'est Ortrude, qui semble insulter à ce religieux élan, et son dédain altier attire l'attention du spectateur, en différenciant totalement l'expression de son visage, de celle des autres.

Lohengrin vainqueur fait grâce de la vie au vaincu, « afin qu'il la consacre au repentir. » Son motif caractéristique, le plus long de tous, car il a tantôt douze mesures d'adagio, et tantôt vingt-quatre d'allégro, revient avec fanfares, et le chœur final dans une jubilante allégresse, le déploie en entier, à un demi-ton plus haut. Elsa sauvée, disculpée, se jette dans les bras de son protecteur, et dans le magninifique ensemble qui suit, sa voix et ses beaux vers dominent constamment parmi les voix qui expriment la satisfaction joyeuse, l'émerveillement ravi de l'empereur et de la foule qui répugnaient à croire cette belle enfant coupable de crimes monstreux, la honte, la rage impuissante de Frédéric vaincu, l'étonnement furieux, l'animosité, les malédictions d'Ortrude, dont les gestes et les regards dans un jeu constant et muet avaient dissipé les craintes et les scrupules du comte, et l'avaient décidé à ce combat impie.

Dans la courte introduction instrumentale qui précède le second acte, deux motifs se rencontrent. Celui qui apparaît pour la première fois est une de ces phrases artères qui, adaptée au rôle d'Ortrude circule dans le drame entier[1]), et se trouve le plus souvent coupée ou suivie comme dans cette introduction qui la pose en entier, par le motif sur lequel Lohengrin a prononcé l'irrévocable défense. On dirait le venin de la malice humaine, aux prises avec le mystère de la bonté de Dieu.

En face des fenêtres illuminées du palais dans lequel on célèbre les fêtes de la veille des noces d'Elsa, et d'où partent des bouffées d'une musique de festin, sont assis sur lesmarches de la cathédrale, dans une profonde obscurité, Fréderic et Ortrude, dépouillés de leurs biens, mis au ban de l'empire, misérablement vêtus, prêts à partir pour l'exil. Ortrude accroupie sur les degrés de pierre, appuie son menton sur ses genoux, et ne détache point

1) Voyez Supplément No. 6.

ses regards des croisées du palais, afin de puiser dans la douleur de ce spectacle, le poison et l'invention de la vengeance. Le comte de Telramund, jouet de la fausse science de sa femme versée dans la magie, se tourne avec haine et mépris vers elle, ayant pour dernier regret qu'on lui ait ravi l'épée dont il lui aurait percé le cœur. Sur une mélopée magnifique, il lui fait le tableau de l'ignominie dont il s'est couvert, et répète avec un éloquent cri de détresse et de désolation: «Mon honneur! Mon »honneur! j'ai perdu mon honneur!..» Ortrude garde la supériorité du calme qui couve le crime, et prend en pitié ces torsions du désespoir. — Exaspéré par ce comble d'insulte, Frédéric, se jette sur elle et saisi d'horreur il veut la déchirer et l'étouffer de ses mains; mais elle lui demande avec un amer dédain, «s'il n'y a que les femmes qu'il sache vaincre?» — «J'ai été vaincu par Dieu!» s'écrie fièrement l'altier chevalier, «puisqu'Elsa était innocente. »Je suis tombé dans l'opprobre parce que je me suis »fié à toi, et que tu m'as trompé! C'est toi qui m'as »juré l'avoir vue noyant son frère, et qui enlaça mon »cœur par les fausses séductions des prophéties, qui »t'assuraient, disais-tu, le retour au trône de tes »pères, et qui m'ont décidé à rejeter sa main pure, »et à te prendre pour femme!» — «Dieu!» — hurle Ortrude la païenne, en se levant de toute sa hauteur, ... et elle intonne ce mot avec une si sauvage ironie, que Frédéric épouvanté recule devant elle. Après un malfaisant silence, il dit lentement : «Que »ce nom sonne étrangement dans ta bouche!» — «Tu donnes à ta lâcheté le nom de Dieu, reprend- »elle, car si tu avais éprouvé contre ton adversaire »autant de rage que tu en as maintenant contre moi, »tu l'aurais pourtant atteint de ton épée, et la plus »légère blessure eut dissipé l'enchantement qui seul »faisait sa force.» — Frédéric lorsqu'il croit n'avoir succombé que devant les stratagèmes de la sorcellerie, sent se réveiller son ambition, sa haine, et retrouve son courage abattu.

Les lumières disparaissent par degré aux fenêtres du palais. Quand la femme cruelle dit à l'homme faible: «Je t'expliquerai comment nous »changerons leurs nuits de plaisir et de repos, en »nuits de peines,» la phrase musicale qui parcourt comme un corrosif les deux derniers actes, réapparaît. Ortrude découvre à Frédéric qu'ils peuvent encore perdre Elsa, mais que pour cela il faut à tout prix l'induire à rompre son serment, à interroger son époux sur son nom et sa patrie. — Le motif sur lequel Lohengrin en avait fait la défense survient, pour être aussitôt remplacé par le premier, qui ne cesse point de serpenter dans tout le duo, tantôt ralenti, tantôt accéléré, tantôt developpé, tantôt diminué, et qui en servant d'introduction au morceau final, jette alors un terrifiant éclat. Frédéric agité par des passions étrangères à sa vraie nature, se livre à de convulsives espérances; Ortrude les raille, l'engageant à apprendre d'elle à jouir avec calme des plaisirs d'une *voluptueuse vengeance*. Comment rendre au lecteur l'espèce d'étourdissement que produit l'accouplement dénaturé du sustantif sanguinaire et de l'adjectif amoureux, quand tous deux sont prononcés, avec l'accent qui leur est propre! Cette brusque opposition donne à la haine une teinte de joie si âpre, si discordante, si tranchée, qu'on est ému par ces notes, comme par le plus sacrilége des blasphèmes. Elles semblent narguer tout ce que l'homme croit saint, et se repaître de malheur et de perdition. Ortrude, avec une mollesse et une tendresse qui forment un contraste farouche et révoltant aux imprécations qui viennent d'être échangées entre elle et son mari, l'attire au haut du portique sacré témoin de cette scène d'enfer, le fait asseoir à ses côtés, l'entoure voluptueusement de ses bras, et fixe de nouveau ses regards sur les dernières lampes qui brillent à travers les vitres du palais. Ils chantent tous deux alors, ainsi embrassés, des paroles de vengeance, lentes, sombres, lugubres, dont *l'unisson*, en succédant à l'éclat heurté des phrases précédentes, confirme l'odieuse sensation déjà produite par son geste si affreusement affectueux, qui fait de l'amour le lien de la haine, et rallume son flambeau aux espérances de la complicité.

Elsa après que la fête est terminée, pour savourer plus complétement dans la solitude toute l'étendue de son bonheur, et prendre tous les charmes de la nature comme ornemens de sa joie et participans de sa délivrance inattendue, vient sur le balcon de ses appartemens où elle ne se croit apperçue de personne à cette heure avancée de la nuit. Dans un chant d'une infinie douceur, elle fait part de ses joies à ces mêmes souffles de l'air qu'elle avait si souvent chargés de porter ses soupirs éplorés, vers un libérateur éloigné : strophes dont la poésie n'est pas moins touchante, que celle des vers si célèbres dans la tragédie de Schiller, où Marie Stuart, également victime d'une ambition et d'une jalousie féminine, s'adresse aussi aux nuages que le vent emporte, peu avant l'entrevue fatale qui décide sa perte. Ortrude dit à Frédéric de la quitter, afin qu'elle puisse accomplir son projet perfide. Restée seule, elle se fait reconnaître d'Elsa, et implore l'aumône de sa pitié. La noble princesse attristée par l'infortune de sa persécutrice, et ne voulant point que son bonheur soit terni par aucune malédiction, ni rembruni par aucune adversité, même celle de ses ennemis, vient au devant de la rivale acharnée, pour lui offrir un refuge dans son propre palais. Tandis qu'elle descend du balcon, Ortrude, dans un rauque cri de victoire, dans un accès de délire digne des hordes qui s'enivraient de sang, comme une prêtresse habituée à plonger le couteau dans le sein des victimes humaines, appelle à son aide ses Dieux à elle, ses Dieux reniés de leurs anciens adorateurs. Elle invoque Wodan et son tonnerre! Freia l'enchanteresse! elle les adjure de protéger sa trahison qui doit perdre les chrétiens! Et tant de passion, tant de colère, tant de fiel, s'exhale de son âme, que tout le Pandaemonium pourrait se plonger avec délice, dans ce torrent de rage!

Hypocritement abaissée devant Elsa, aussitôt que celle-ci paraît, elle reçoit ses dons et sa pieuse hospitalité avec une feinte reconnaissance, et elle ajoute, «qu'impuissante à payer tant de bienfaits, »elle ne possède qu'un seul trésor . . . . qui puisse »prouver sa gratitude . . . . — Je veillerai sur ton »bonheur! . . .» lui dit-elle tout bas «. . . . Pour toi »je pénètrerai les mystères de l'avenir . . . .!» La musique rèvèle aussitôt le dessein de la haineuse magicienne, en faisant suivre la phrase qui a traversé la dernière scène, par le motif de la défense du chevalier. «Sois prudente», continue-t-elle; «reçois un avertissement, un conseil . . . . méfie-toi »de ton fiancé inconnu, ... car le cygne qui l'a

»amené peut également revenir . . . . pour l'enlever »à ton amour et à tes embrassemens . . . !» — Elsa d'abord révoltée de cette basse insinuation, s'éloigne brusquement d'elle ; mais, par une réflexion pleine de candeur, elle revient vers Ortrude et lui dit doucement : «Oh, malheureuse ! tu ne comprends donc »pas avec quelle confiance j'aime ! . . . que je te »plains de n'avoir jamais connu le bonheur qu'on »ne trouve que dans la foi . . . . Oh, viens, viens, »auprès de moi ! . . . . apprends à croire ! . . . . car il »est des félicités sans repentir ! »

Ortrude a passé le seuil de cette porte, que la miséricorde et le pardon ouvraient à son indignité. Le silence de la nuit s'établit, jusqu'à ce que le jour commence à poindre. On entend alors les sentinelles au haut des tours en donner le signal, et le son de leurs trompettes est répété dans le lointain par les postes suivans, en formant un très-heureux effet d'écho. Cette courte phrase rhythmique, est développée dans l'orchestre par les cors et les bassons, auxquels se joignent peu après, les instrumens à vent, sur une tenue de pédale de l'accord de *ré*, de près de trente mesures, durant lesquelles le crescendo d'animation correspond à l'éclat de la matinée qui s'avance. Pendant ce temps les portes de la ville s'ouvrent ; des bourgeois et des soldats entrent, sortent, se rencontrent, se croisent sur la place toujours en plus grand nombre; les pages, les serviteurs entrent et sortent du palais; le mouvement circule de plus en plus. A l'heure où tout le monde est sur pied, le hérault de l'empereur paraît, et la phrase des trompettes du matin uniquement modulée durant cet intervalle, débouche pompeusement sur la phrase d'entrée des trompettes du roi. Le hérault, vêtu de ce costume bizarre dont le moyen âge le revêtissait, apprend au peuple le décret de bannissement du comte de Telramund, et le mariage d'Elsa; en outre il dit «que le chevalier qui l'é»pouse ne veut point s'intituler Duc, mais simple»ment Protecteur du Brabant, et qu'il va se mettre à »la tête des seigneurs du pays pour rejoindre l'armée »impériale, et combattre les Hongrois» — Le chœur répond en criant: «Vive l'envoyé de Dieu! le Pro»tecteur du Brabant!» sur un fragment de la mélodie guerrière propre au Lohengrin. Frédéric traverse à cet instant la place. Des amis qui lui sont restés fidèles le dérobent aux regards du peuple, et le font entrer furtivement dans la cathédrale. Bientôt des valets et des pages viennent faire place dans la foule au cortège d'Elsa, qui se rend à la même église pour y être unie à Lohengrin.

Tout ce long intermède qui dure depuis l'entrée d'Ortrude dans le palais d'Elsa, jusqu'à l'apparition du cortége nuptial, étant destiné à reposer les spectateurs, exige une mise en scène très-belle, que notre théâtre n'a pu complétement réaliser. Ici les yeux doivent être occupés, afin qu'un spectacle pittoresque vienne varier les poétiques émotions, auxquelles l'auteur a fait appel sans interruption. Sur les théâtres où le nombre des comparses n'est pas suffisant, où leur costume n'est point assez varié, où leurs groupes ne sont point assez considérables pour produire une forte illusion de réalité, on ne saurait nier que cette scène de matinée ne soit fatiguante, et que le public exclusivement absorbé par l'attention qu'il prête à la musique, ne soit déjà lassé, lorsqu'il voit s'avancer la Princesse, suivie d'une quantité de hautes et puissantes dames, aux robes chamarrées, leurs écussons brodés sur leurs manteaux, leurs couronnes de baronies, comtés, et duchés ceignant leur tête, et rattachant leurs voiles.

Elsa parait au même balcon dont elle était descendue la nuit, et longe les galeries du palais avant de se rendre sur la place. Derrière elle, un long cortége défile lentement sur une musique d'un caractère doux et recueilli, admirablement appropriée à la sainte cérémonie qui va être célébrée. L'onction qui y règne, la belle et pieuse émotion qu'elle reveille, sont d'autant mieux senties, que ce caractère suave et gravement mouvementé, est mis en relief par le contraste des rhythmes vifs et clairs qui l'ont précédé. La Princesse s'avance, plus belle encore sous sa couronne et son manteau lamé d'argent, émue et tremblante. L'orchestre nous dévoile tout ce qu'il y a d'amoureux et de religieux élans dans son coeur, sans qu'il soit possible de distinguer si ce sont les uns ou les autres qui y occupent le plus de place. La vierge sainte et passionnée en même temps, ne lève point les yeux, mais l'on devine aux accords qui nous dépeignent les pensées qui occupent son âme, l'on devine à leur majestueux crescendo qui conserve toujours la double teinte d'une mystique ardeur, quels brillans et quels chastes regards, sont voilés par ses paupières! Comment ne pas admirer les rares ressources dont dispose le musicien-poëte, en voyant de si beaux effets produits par la répartition qu'il peut établir entre les sentimens que la musique doit nous révéler, lorsque la parole ne saurait plus le faire, et ceux que la poésie formule sous sa brûlante empreinte, avec une précision que la musique ne pourrait leur donner!

Entre les nobles dames qui suivent Elsa, la plus magnifiquement parée, mais celle aussi dont la figure se contracte violemment sous une rebellion comprimée avec peine, celle dont le pas se saccade véhémentement, c'est Ortrude qui marche seule, et s'éloigne de l'ordre gardé par le cortége. Dès que la mariée approche des marches de l'église, elle s'élance furieuse devant elle, et s'écrie avec un éclat de rire insultant: «Arrière Elsa! . . . . Crois-tu donc que pour m'être »humiliée devant toi pendant une heure, je te recon-»naisse Duchesse de Brabant? . . . . Avant que j'y »consente apprends-moi quel est ce singulier cham-»pion de tes vertus? . . . Le comte de Telramund, »mon époux a été connu de tous ces seigneurs pour »ses vertus loyales, et sa haute vaillance . . . . mais »ton chevalier ose-t-il seulement dire son nom? . . . »Peut-il nous apprendre quelle est sa patrie? d'où »il vient? . . . et comment il est arrivé? . . . Oh, si tu »n'oses te hasarder à le lui demander, c'est qu'il ne »doit sa victoire qu'à des maléfices impurs! et son »mystère ne cache que d'infâmes magies! . . .» L'injure et l'outrage tombent de ses lèvres comme des étincelles de feu sur les pâles joues d'Elsa. Elle répond en amante, mais le trouble s'infiltre dans son âme.

En ce moment les trompettes qui précèdent le Roi suspendent les barbares invectives d'Ortrude, et celui-ci s'approche avec Lohengrin, suivi des Seigneurs et Chevaliers rassemblés autour d'eux pour se rendre aussi à la cathédrale. En voyant en face d'Elsa confuse et rougissante, son irréconcillable persécutrice, Lohengrin s'approche vivement de la jeune fille, et l'interroge sur la cause de son émotion. Lorsqu'il se tourne vers Ortrude pour expulser à jamais de la présence de sa fiancée la perverse païenne, il semble lui montrer que sa prescience pénètre ses vils projets, car la phrase qui a accompagné son terrible duo avec Frédéric, revient à cette parole du chevalier. Il prend après cela la main de la Princesse, et s'avance avec elle vers l'édifice où ils doivent être unis.

Tout d'un coup les portes s'ouvrent brusquement, Frédéric s'élance du haut des gradins en accusant son vainqueur d'avoir triomphé aux moyens d'un sortilége, et s'adresse au peuple pour qu'il l'empêche d'entrer dans la maison du Seigneur, «car il a profané, dit-il, par une ruse impie, le ju»gement de Dieu!» Les quatre mesures qui ont servi de thème au canon du duel, reviennent à ce mot. Frédéric demande «que son adversaire »découvre qui il est? d'où l'a amené ce cygne »étrange?» Lohengrin réplique: «Que lui, le banni, »n'a aucun droit d'exiger qu'il lui réponde; qu'Elsa »seule, peut l'obliger à l'instruire de ce mystère!...» Il se tourne vers elle, et la voyant interdite, il lui parle avec tendresse, mais le motif sur lequel sa défense a été prononcée apparaît, comme un sérieux avertissement. A cette phrase, s'attache la mélodie d'Ortrude, dans un morceau d'ensemble où palpitent douloureusement la perplexité et l'angoisse qui agitent tous les personnages, et que dominent les iniques espérances du couple implacable, criminel et arrogant. Toutes deux semblent lutter avec acharnement, corps à corps; cette dernière prend le dessus lorsque Frédéric s'approche insensiblement d'Elsa, et lui souffle à l'oreille: «Que si on infligeait »la plus légère blessure à Lohengrin, tout l'enchan»tement qui l'entoure disparaîtrait . . . que cette nuit il »le surprendrait dans le dessein de faire couler son »sang, sans lui faire de mal ... qu'elle ne doit point le »défendre, puisqu'elle apprendait ainsi la vérité sur »lui et *la nature de son être...*» Elsa s'écrie: «Jamais!» Le motif calamiteux et empoisonné, composé d'une longue période de seize mesures, qui, durant ce dialogue, est arrivé à son plus haut paroxysme de violence sourde mais palpitante, ne disparaît qu'alors. Lohengrin en appercevant le comte près d'Elsa, le repousse avec emportement; sa fiancée tombe à ses pieds afin d'obtenir son pardon. Il la relève, et lui demande, «si elle veut l'interroger?» Trop proche de son bonheur pour se résoudre à le risquer, elle répond: «Qu'elle aime, qu'elle est »heureuse et que son amour est bien trop élevé, »pour se rabaisser jusqu'à une défiance!» — «Gloire »à toi, Elsa!» lui dit Lohengrin avec un tressaillement de joie, comme délivré d'un attristement et d'une oppression, en la voyant échapper à un piége funeste. Ils montent à l'autel; on écarte de leur chemin Frédéric et Ortrude, mais celle-ci adresse encore à Elsa un geste de triomphe moqueur, et l'on voit à la défaillance de la jeune fille, que la malice du soupçon a pourtant pénétré jusques dans son faible cœur. Par une application aussi minutieuse que réfléchie et intelligente de son système, Wagner fait concorder ce geste avec un retour dans l'orchestre de la phrase mystérieuse, qui maintenant, comme une funeste menace, gronde à la fin de l'acte, jusqu'à ce que les fanfares de la marche processionnelle viennent l'engloutir.

Le morceau instrumental qui ouvre le troisième acte, a plus de cent mesures d'un mouvement vif; il respire un air de fête et de noble réjouissance; il nous dépeint les scènes de joie et de contentement qui ont suivi les rites du mariage chrétien. En l'écoutant on se représente les paladins et leurs joûtes, on croit reconnaître les signaux des tournois, et les clairons annonçant les brillantes passes d'armes qui devaient illustrer les fêtes et les noces de si hauts et puissans Seigneurs.

Nous voyons ensuite la chambre nuptiale des jeunes époux. Le cortége des femmes, et celui des hommes conduit par l'empereur, les y introduisent par des portes opposées, et leurs chants se répandent dans l'atmosphère comme un nuage d'encens, de nard, de myrrhe, de cinname, sur lequel se détache un duo, où les ravissemens les plus adorans de l'amour, ses plus pures extases, ses plus indicibles tendresses, ses plus saintes voluptés, s'épanchent en flots de mélodies d'une éolienne delicatesse. L'élévation, la pureté, la gradation des sentimens qui se déroulent dans cette scène, ne peuvent être ni surpassés, ni plus idéalement exprimés par la poésie et par le chant. «. . . Et main»tenant que pour la première fois nous sommes »seuls, êtes-vous heureuse, Elsa? confiez-le moi», dit le chevalier. — . . . «Que je serais ingrate de ne »m'appeller qu'heureuse! . . . .» répond-elle. Sublimes hyperboles! Preuves convaincantes de l'amour!

Lohengrin bénit le sort qui le destina à être son champion, puisqu'il ne pouvait trouver son bonheur qu'en elle seule . . . — «Je t'avais vu en songe avant »ton arrivée . . .» reprend-elle, accompagnée par la mélodie telle qu'elle avait été dite lorsqu'au premier acte, elle racontait le rêve où il lui était apparu — «. . . Quand tu es descendu sur notre rivage, »j'eusse voulu comme un ruisseau embaumé, ser»penter à l'entour de tes pas; comme les fleurs de »la prairie me courber sous tes pieds! . . . N'est-ce »que de l'amour? . . . dis-le moi! . . . et quel nom »donnerai-je à celui qui est mon Très-Haut! . . . .» L'adresse féminine perce déjà dans cette allusion au mystère qui inquiète la jeune épousée, et la curiosité donne une habileté inaccoutumée à la naïve enfant. «Que ton nom serait doux à mes lèvres! ..» continue-t-elle. «Ma bouche ne le murmurerait que »dans le silence de l'amour! ....» Lohengrin lui montrant le paysage à travers la fenêtre ouverte, lui demande avec une indéfinissable mélancolie, «si »en respirant le beaume aromatique que les fleurs »répandues au loin dans les forêts et les montagnes, »lui envoient sur l'aile des brises de la nuit, elle »s'informe du nom qu'elles portent? . . . Quand je »t'ai vue, ajoute-t-il, mon âme a connu la tienne en »contemplant ton œil candide, et je me suis épris de »ta pureté, alors même que la honte du crime pesait »sur toi! . . .» Ce morceau est sans le moindre doute une des plus belles inspirations de Wagner; une des plus heureuses qu'il ait eus et qu'il puisse avoir encore; un de ses titres les plus incontestables à la gloire, et à la place que l'avenir lui réserve parmi les grands maîtres de la musique.

Elsa reprend avec cette amoureuse ambition de dévouement qui est l'héroïsme de la femme: «Que ne puis-je moi aussi te prouver mon amour, »et mourir pour te sauver! ...., que ne puis-je »aussi connaître tes dangers, s'il en est qui t'en- »tourent! . . . que n'ai-je du moins un secret à gar- »der pour t'assurer de ma fidélité! . . . Les tour- »mens de la mort ne me l'arracheraient pas! ....»

On la voit ainsi se rapprocher peu à peu du point qui fixe son avide anxiété. Lohengrin espère calmer par d'indulgentes tendresses son agitation intérieure; mais à chaque mot elle se rapproche de l'abîme. «.... Découvre-moi, s'écrie-t-elle, tout »l'honneur de ta naissance!... Ne te repens point »de m'instruire du haut renom de ta patrie.... la »force du silence ne me manquera pas!...» L'amoureux fiancé réplique sévèrement: «Je t'ai déjà honorée de ma confiance, en me fiant à ton serment »... je t'ai déjà élevée au-dessus des autres femmes »en croyant que tu ne me désobéirais pas!....» Après ces graves paroles, l'austère époux la berce des plus suaves tendresses du plus subjugué des amans «... Laisse-moi t'aimer, dit-il, afin que je sois »heureux sur cette terre, car le bonheur que je te »devrai peut seul compenser celui que j'ai quitté, »pour venir à toi!.... Il n'est point de créature de »Dieu dont l'existence fût plus belle que n'était la »mienne... et si l'empereur m'eût offert sa couronne, »je l'eusse à bon droit dédaignée ... Ton amour »seul peut égaler mon sacrifice! Que le doute soit »donc écarté de ton cœur ... (ces mots sont accentués par le motif de la défense) car je ne viens »point du sein de la nuit et des douleurs .... mais »d'un séjour de lumière et de félicité...» Elsa jette un cri d'effroi. La funèbre phrase d'Ortrude déjà indiquée lorsque le chevalier disait: «que le doute

»soit donc écarté de ton cœur!» revient avec un développement encore plus passionné qu'au second acte, alors qu'Ortrude et Frédéric complotaient leur vengeance, car les craintes de l'amour ont bien plus encore de déchiremens, d'angoisses, et de tourmens, que toutes les frénésies de l'envie. Les soupçons qu'elle avait semés ont germés et fermentés. Le désespoir gagne la femme fragile. «Que suis-je donc »à tes yeux? . . . dit-elle avec désolation. Tu ne peux »qu'éprouver des regrets à mes côtés . . . Je devrai »compter les jours que tu m'accorderas . . . . Je les »compterai avec terreur . . . et il en viendra un où »tu m'auras quitté . . . . où je resterai seule et misé»rable! . . . »

En vain son amant lui persuade que l'attrait de son amour le retiendra aussi longtemps, que le doute ne l'aura point flétri. De fièvreuses altères la dévorent. Le délire s'empare d'elle. Lohengrin veut le dompter en mêlant la douceur au blâme; . . . . il n'y réussit pas. Elle croit entendre un bruit . . . elle croit voir le cygne, venu pour l'enlever de ses bras, et hors d'elle-même, dans un accès de sombre hallucination, elle brise son serment. «Elsa, qu'oses-tu?» lui dit le chevalier, tandis que la phrase de la défense se déroule en traits de flammes; mais elle n'écoute plus les paroles de son bien-aimé; elle le brave; elle s'écrie «qu'elle veut savoir, qui il

»est?... d'où il vient... dût-elle mourir après!» A cet instant, Frédéric se glisse par une porte dérobée entouré de quatre satellites, l'épée nue. Elsa, comme réveillée soudainement, avec un geste d'horreur pour le traître qui spéculait sur sa féminine impatience, ses appréhensions d'amante, son irrascible curiosité, abjure son péché, en se jetant devant son époux qui ne peut voir entrer l'assassin, et en lui présentant le glaive qu'il avait détaché de sa ceinture. Lohengrin dans un court combat étend Frédéric, mort à ses pieds. Après un long silence, la phrase fatale qui a marqué la méchanceté humaine se traîne dans l'orchestre comme un gémissement expirant, et quand Lohengrin dit aux associés de cette traîtrise, muets et attérés: — «Portez ce cadavre devant la cour »de l'Empereur!» la phrase du duel est rappelée. Il fait entrer ensuite les suivantes d'Elsa tombée évanouïe, et leur dit de la conduire aussi devant la cour de l'Empereur, afin qu'elle y apprenne quel est son époux! La mélodie de la défense mystérieuse termine cette scène.

Nous nous gardons de croire que l'auteur en créant cet épisode de son drame, en le développant avec un interêt si élevé, si croissant, si palpitant, se soit préoccupé de l'analogie de son sujet avec les traditions, qui, sous tant de mythes différens, ont également donné pour cause à d'incalculables malheurs, la curiosité de la femme; mais involontairement il les évoque dans notre mémoire. Combien de Fictions n'ont-elles pas recueilli comme un vague souvenir, ou renfermé comme un avertissement sage, le récit plus ou moins circonstancié, mais toujours attachant, d'irréparables catastrophes qu'amenait la faiblesse innée des femmes? Sous combien de formes l'Épopée et l'Histoire n'ont-elles point dépeint la même lamentable succession d'irréfrenables et de fatales impatiences féminines? . . . Cependant, chaque fois que la même tragédie, si connue! nous est encore présentée, elle excite de nouveau tout notre intérêt, comme si son sens et sa vérité, n'avaient rien perdu de leur à propos pour chaque cœur! Quel est en effet, celui qui ne prête à Dalila des traits qui lui furent chers peut-être? . . Quel est celui qui, dans la curieuse Pandore ou l'imprudente Chriemhilde, ne reconnaisse des types apparentés et non disparus, de celles qui ne savent garder le silence dû au mystère, ni en le respectant, ni en le taisant? Quelle que soit l'imagination riante ou sombre des peuples qui leur prêtent plus de grâce dans le Midi, plus de grandeur dans le Nord, il suffit de l'enchaînement des situations à peu près semblables que provoque la Beauté téméraire, pour exciter toujours en nous la même avide sympathie.

L'auteur qui une fois encore a vivifié de son jeune souffle la si antique légende, a certainement suivi l'essor de son sentiment poétique, en s'inquiétant peu de se rapprocher ou de se différencier de ses antécédens, en ne songeant guère à faire prédominer dans son œuvre telle ou telle pensée, à en faire ressortir telle ou telle conclusion. Wagner est bien trop réellement poëte pour vouloir mettre dans ses drames *la Philosophie en action.* Il est poëte; c'est dire qu'il obéit à l'Inspiration, et celle-ci ne cessera jamais de s'emparer de l'Esprit qu'elle visite, comme jadis le souffle d'Apollon s'emparait de la Pythonisse, pour faire parler par sa bouche l'Oracle du Temple. Ceux qui n'ont point été saisis de ce transport qu'une langue slave caractérise si profondément en faisant du mot de Poëte le synonyme de Prophète, peuvent s'ingénier a créer des poëmes *à tendances,* des poëmes qui *prouvent;* mais ceux là feraient mieux de s'en tenir à la polémique. Le poëte qui n'écrit que pressé par le Dieu qui le sollicite, ne transformera point en chaire sont trépied brûlant. Convaincre, n'est point sa mission. Il lui faut par dessus tout émouvoir, inoculer à ses auditeurs l'ardent sentiment qui le dévore, leur faire pleurer ses larmes, et les ravir de ses extases. Si donc un de ces auditeurs, puissamment ému par ses visions, essaie de réfléchir sur l'ordre d'impressions que réveille l'oracle parfois mystérieux et ambigu par lequel l'art révèle le Sublime dans ses chefs-d'oeuvre, et de rechercher en quoi ceux qu'il contemple, se rapprochent ou se différencient des conceptions pareilles déjà existantes, il doit s'abstenir de toujours attribuer aux intentions du poëte le résultat de ses appréciations, les vrais poëtes n'ayant pour intention que de dérober un rayon du feu sacré, afin d'en animer leurs créations!

Elsa nous attache peut-être plus que toute autre figure de cette famille de belles indiscrètes, par la naïve pureté, l'abandon fervent et humble de son amour. Ce n'est point, Dieu merci, une raisonneuse, une *Indépendante*, revendiquant *les droits de la femme*, et qui, en voulant tout connaître et tout juger, abdique nécessairement ce plus beau privilége de claire voyance révélatrice, de prescience instinctive, accordé au Cœur alors seulement qu'au lieu d'en être éclairé, il éclaire l'Intelligence. Elsa ne cherche point à faire valoir en beaux hexamètres, les intérêts de sa dignité. Elle aime avec une adorable simplicité, et ce n'est que la crainte de perdre son époux qui la jette dans le délire, la désobéissance et le parjure. Avant ce moment égaré, elle sentait, elle proclamait l'identité de l'Amour et de la Foi. Chacune de ses paroles respirait cette abnégation amoureuse, qui abîme l'âme dans une absolue confiance et une volontaire obédience, au sein desquelles le Doute ne trouve pas de place. Ceux qui aiment n'ont-ils pas aussi leur formule cartésienne dont découle tout le système de leurs sentimens : Je sens, donc, je sais. L'intelligence aussi analytique que divinatrice des Grecs, qui a embaumé tant de précieuses allégories dans les bandelettes barriolées de leur mythologie, n'a pu manquer de saisir cette vertu cardinale, ce caractère imprescriptible de l'Amour se dégageant des nécessités de l'Intelligence, et franchissant d'un bond ses étroites limites. Pour notre compte, nous aimons à trouver un sens plus élevé que la vulgaire interprétation qui en est généralement faite, dans le bandeau que l'antiquité posait sur les yeux de l'Amour. En vérité, il n'a pas besoin de leur témoignage, pour reconnaître la beauté et la présence de ce qu'il aime !

Elsa, par cette foi qui est la certitude du cœur s'était égalée à son fiancé de nature surhumaine, et si elle se fait chérir jusqu'à la fin, c'est en y revenant dans un magnifique repentir, aussitôt que le tentateur apparait pour satisfaire sa curiosité. A sa vue, elle reconnaît l'erreur qui l'a associée au Doute de la haîne et de la méchanceté . . . Elle refuse de savoir . . . Elle veut ignorer . . . Elle sent la supériorité de son ignorance croyante, et revenue à la lucidité naturelle de son être, à la lumière et à la force de son humble innocence, plus prompte que l'éclair, elle veut repousser celui qui devait lui faire connaître le Bien et le Mal. On suit les péripéties de cette scène pathétique, avec une émotion d'autant plus recueillie, que le mystère caché par Lohengrin est si grand, si beau, si plein d'amour! L'âme en s'identifiant aux diverses douleurs de cette lutte croit y entrevoir une image, et murmure le nom de Psyché!

Si la foi n'était pas le plus bel apanage, le plus glorieux revêtissement, le dernier terme de l'amour, d'où viendrait notre sympathie pour cette femme qui se livre avec transport, à un inconnu? Ne serait-ce point en elle une sorte de pusillanimité, dès qu'on dénierait au sentiment le droit d'affirmer par pressentiment, ce que la raison ne peut démontrer? Pourquoi serions-nous si touchés en voyant Elsa, avec une angélique candeur, s'appitoyer sur Ortrude, «qui ne sait point croire!»? D'où viendrait notre satisfaction en lui entendant repousser les insinuations de Frédéric, et répondre à Lohengrin: «Mon »amour s'élève bien au-dessus de tout soupçon!»? D'où viendrait enfin, que nous la trouvons sublime, lorsque reniant subitement sa défiance et son doute, elle renonce à apprendre le secret qu'elle venait d'implorer, qu'elle veut au contraire le sauvegarder, le défendre, et qu'elle se précipite pour armer de son glaive celui qu'elle ne croyait menacé d'aucun danger véritable? Si dans l'amour, la foi demandée et accordée en celui qui sait plus et peut davantage, était une tyrannique exigence, Elsa, pour être conséquente, héroïque, admirable et admirée, ne devrait-elle pas persister à *savoir*, à *connaître*, à *juger*, celui qui l'humiliait et l'*infériorisait*, en espérant d'elle un amour confiant? . . . La Fiction guidée par la Poésie, a donc une fois de plus réprésenté ici, comme l'épanouissement suprême du sentiment passionné, comme la fleur et le fruit simultanément éclos de sa riche sève: la Foi dans l'Amour!

Le rideau tombe lorsque Lohengrin quitte la chambre nuptiale, la décoration change et représente le même lieu, qu'au premier acte. Les Seigneurs, Barons, Comtes et Ducs se réunissent à cheval, portant chacun sa bannière avec ses armes et devises, prenant sa place, et y plantant son étendard, autour duquel se rassemble son escadron. Une bruyante parade militaire est exécutée sur le théâtre, par huit trompettes accordées en quatre tons différens, *mi-bémol*, *ré*, *mi*, et *fa*, faisant leur entrée isolément, chacunes dans leurs tons respectifs, sur une figure de basse continue qui simule le grand tumulte des chevaux, et que tous les instrumens à cordes exécutent à l'unisson. Elle dure sans discontinuer en triolets croches, pendant plus de cent mesures, jusqu'à l'entrée des quatre trompettes du roi, qui à travers tout l'opéra, font retentir la même fanfare lorsqu'il paraît. Cette fois, dès qu'elles arrivent, les trompettes appartenant aux diverses troupes des Seigneurs, les saluent tour à tour, se joignent, s'animent de plus plus, et éclatent enfin toutes simultanément. Leurs rhythmes trides, en se serrant, produisent une sorte d'acclamation et de hourra; un roulement prolongé de tambours, ajoute à la clameur assourdissante qui se termine, lorsque le Roi s'assied sur son trône placé sous un vieux chêne. Bientôt après on apporte sur un brancard le corps de Frédéric.

Elsa s'avance, la tête baissée, abattue, consternée; et le peuple étonné murmure ses louanges sur son passage. La mélodie sur laquelle fut fait le commandement de Lohengrin à Elsa, est reprise pour la dernière fois, puisque le secret qu'elle voilait va être découvert à tous les yeux. L'exclamation admirative des assistans, par sa réunion à cette phrase musicale, nous fait souvenir comme une parole enseignante, combien toute la vertu d'Elsa reposait sur sa confiance, sur son humble obéissance, sur son fidèle silence! En continuant, le chœur dit : «Mais qu'elle est triste, qu'elle est pâle! . . .» et pour la dernière fois aussi, on entend la mélodie qui, durant le second acte, est si fréquemment reprise : la mélodie qui avait grincé comme des morsures de rage, sous les imprécations d'Ortrude. L'œuvre de l'iniquité humaine est accomplie; le bonheur d'Elsa est détruit! — Les trompettes couvrent cette sombre teinte, entonnant le motif propre au Lohengrin, au moment où se présentant, il annonce à l'Empereur et à sa suite, qui croyaient qu'il allait se joindre à eux pour prendre les armes contre les ennemis de l'Empire, qu'il n'arrive point dans ce but...qu'il vient comme accusateur! — «C'est Frédéric, comte de »Telramund, dit-il, que j'accuse d'abord devant vous (dans cet instant le motif du duel est encore mentionné) d'avoir voulu me surprendre de nuit, et »si je l'ai tué dans ma propre défense qu'on dise si »j'ai fait mal? . . . J'accuse après cela devant le »monde entier, Elsa, la femme que Dieu m'a confiée, »de s'être laissée induire à trahison envers moi! . . »Vous avez tous entendu le serment qu'elle a juré »... elle l'a rompu...séduite par de pernicieux con»seils . . . Pour satisfaire donc aux questions de son »doute insensé, je vais vous apprendre qui je suis . . »et vous jugerez si ma noblesse peut s'égaler à la »vôtre! . . .»

Un oubli graduel du monde qui l'environne semble s'emparer de lui et dans une sorte de ravissement extatique, il raconte, sur un mode d'une suavité pénétrante et enivrée, comme les exhalaisons nocturnes d'un bois d'oranger en pleines fleurs, pendant que l'orchestre reprend dans toute sa magnificence le motif de la première introduction, «qu'il

»est un pays, . . . qu'il est une montagne, . . . qu'il »est un temple saint, . . , où le St. Graal est con- »servé sous la garde de nobles chevaliers, . . . qui, »lorsqu'il les envoie parmi les hommes au secours »de la vertu opprimée, sont doués d'une force sur- »humaine, aussi longtemps qu'ils ne sont point re- »connus, . . . mais dès que leur secret est dévoilé, »ils doivent fuir les yeux des profanes . . . Sachez »que le chef de cette chevalerie excellente, celui qui »porte la couronne dans ce pays fortuné, est Parci- »val mon père . . . . et que je suis son fils et son »chevalier . . . . Lohengrin . . . .» Tout l'unisson de l'orchestre fait retentir ici sa mélodie avec un si glorieux éclat, que nous ne saurions nous figurer plus brillantes, les fanfares des célestes milices où combattent St Georges et Michel l'Archange leur chef!

«Apprenez, continue-t-il, comment je suis arrivé »jusqu'à vous... Les vents des cieux apportèrent dans »le temple béni, les soupirs et les prières d'une jeune »fille persécutée, et j'avais mission de partir pour la »défendre, quand un cygne aborda sur notre grève, »en conduisant une nacelle vide. . . . Mon père le »reconnut aussitôt . . . et l'initia au service du St. »Graal . . . car quiconque est soumis aux enchante- »mens de la magie, reprend sa forme véritable après »l'avoir servi fidèlement durant une année. . . . Je

»partis dans cette nacelle, . . . et, à travers des »fleuves et des mers inconnues, ce cygne m'amena »jusques ici. . . .»

Ce long récit termine l'opéra de *Lohengrin*, comme celui de Tannhaüser termine la pièce qui porte son nom. Mais l'un est sombre comme le désespoir, agité comme l'erreur, douloureux comme la faute, navré comme le regret, angoissé comme le remords. Toutes les souffrances de nos cœurs y trouvent une note: espérances déçues, misères inexprimables, ironies cruelles, âcres délectations! Dans celui de Lohengrin, au contraire, il se fait un jour lumineux et ineffable à mesure qu'il avance. Un calme solennel s'empare de l'âme comme si de mystiques clartés transmondaines, s'épandaient et resplendissaient toujours plus vives et plus envahissantes. Chaque son y résonne comme un soupir de bonheur, quand il décrit le lieu où ni le mal, ni la douleur, ni la mort, ni la corruption n'ont plus d'accès, ce lieu où la sainteté est appelée à jouir de toute la plénitude des indicibles béatitudes célestes, où l'âme des élus est saturée des joies surhumaines que donne la vision de Dieu. Le dernier récit de Tannhaüser devient de mesure en mesure plus lugubre, plus déchirant, plus angoissant. L'individualité du malheureux qu'écrase l'anathème se perd peu à peu dans une vague mais immense malédiction, dans un vœu d'exécrable blasphême, comme dans un antre obscur où des milliers de gémissemens pareils, le convoitent et l'appellent par de lascives séductions. Dans la dernière narration du Lohengrin, sa personnalité au contraire se détache de plus en plus comme les contours d'un corps glorieux, sur un fond d'or. Un caractère de vaillance, de fortitude, de sainte et pure fierté, de puissance et d'intelligence surpassant les facultés de l'homme, révèle à notre contemplation ravie, la nature de cet angélique héros, de cet envoyé divin, de cet immortel invulnérable à toute blessure et à toute faiblesse, mais non exempt des suprêmes peines, des infinies tristesses, des impérissables regrets de l'amour.

Ces peines, ces tristesses, ces regrets s'expriment ensuite avec une poignante émotion, lorsque Lohengrin en pressant Elsa une dernière fois sur son coeur qu'elle a méconnu, lui dit: «que si un jour »son frère revenait près d'elle, elle devait lui remettre »son glaive qui le rendrait toujours victorieux, son »cor qui le sauverait de tout danger, sa bague qu'il »porterait en mémoire de lui, de lui qui avait sauvé »sa sœur de l'ignominie et de la mort». Dans les accens de cet épanchement résigné mais inconsolé d'une irrémédiable peine, de cet entier abandon à un amer navrement, il règne une souffrance qu'on dirait se savourer elle-même avec douceur, et Wagner comme gagné par elle, répète deux fois ce dernier *memento*, par une rare exception à son système de musique déclamée.

Soudain, le peuple muet et stupéfait voit apparaître le cygne amenant derechef la même nacelette. Le motif de l'introduction qui avait été repris dans son entier est coupé une seconde fois par celui qui individualise Lohengrin, transposé à présent en mineur, attristé, et voilé de deuil. Elsa se précipite aux genoux de son époux, qui lui reproche doucement, mais avec toute l'affliction de l'amour, d'avoir brisé leur félicité, de s'être jouée de son cœur! L'Empereur, les seigneurs, le peuple veulent le retenir. «Je dois, »... je dois partir!.. Le St Graal m'appele!» répond-il. En appercevant le cygne, Elsa pousse un cri de suprême terreur. Lohengrin découvre encore, «que si »un des chevaliers du temple saint restait parmi les »hommes après en avoir été reconnu, non-seulement »il perdrait aussitôt toute sa force invincible, mais »qu'il deviendrait plus faible qu'une femme.» Il s'avance vers la rive, et, s'adressant avec une douleur sans pareille, à ce cygne mystérieux pour lui dire «qu'il espérait ne le voir que dans un an, et sous »une autre forme», il module le chant de la première introduction avec un accompagnement de violon en constant tremolo, qu'on dirait les tressaillemens du souffle ému des airs. Il se retourne encore, pour embrasser dans un dernier adieu, avec un déchirant effort, Elsa sa douce femme!

Elle s'affaise pendant qu'il la quitte, lorsqu'inattendue, imprévue, Ortrude surgit tout à coup à côté d'elle. Suffoquée par une monstreuse joie, avec un râle glapissant, un crissement aigu, elle lui montre le cygne, et se précipitant volontiers vers une perte infaillible pour lui infliger un dernier désespoir, elle lui crie: »Je te remercie de l'avoir chassé d'au milieu de nous, »ton noble héros! . . . car s'il fût resté avec toi, ton »frère eut été délivré . . . c'est moi, moi, qui l'ai »ensorcelé, et qui l'ai changé en cygne, en lui met»tant au cou cette chaîne d'or que tu lui vois . . . . »qu'ils partent tous deux maintenant, . . . tu ne les »reverras plus! . . . Mes Dieux que vous tous, vous »avez abjurés, m'ont aidé ainsi à me venger de »vous! . . .» A ce cri de féroce jubilation, Lohengrin, parvenu déjà sur les bords du fleuve, s'agenouille dans une prière muette, pendant que l'orchestre reprend avec solennité le motif du St Graal. Le cygne disparaît dans les eaux; une colombe descend, et saisit la chaîne de la nacelle. Peu après Godefroi de Brabant sort des flots. Tous saluent le jeune prince. La mélodie particulière au Lohengrin revient, et se développe dans son entier jusqu'à la fin de la scène, pendant que, monté dans la barque, il s'éloigne lentement. Lorsqu'Elsa serrée dans les bras de son frère, l'écarte pour chercher son époux et le voit déjà voguant sur le fleuve, cette même mélodie est encore reprise en mineur; on dirait que son amant lui envoie l'expression d'une douleur égale à la sienne. Elle pousse un cri, tombe, et meurt.

Dans ce résumé nous n'espérons point avoir pu rendre l'intérêt si grand, si saisissant de ce drame!... avoir faire comprendre combien le pinceau de ce tableau est à la fois ferme et fin dans ses contours, riche et moëlleux dans son coloris!... combien le poëte et le musicien y ont révélé une savante entente des ressources de l'art! Le caractère des personnages y est surtout admirablement soutenu, par l'un comme par l'autre. Wagner a su mêler avec une finesse de touche qu'on ne peut se lasser de poursuivre dans toutes ses intentions, l'élément divin qui assurait la victoire de son chevalier, au caractère de valeur, à l'héroïcité personnelle qui le rend cher à nos yeux, et en fait pour nous un objet d'admiration et de sympathie, au lieu du froid messager qu'il eût pu aisément devenir. Lohengrin se découpe sur le premier plan, grave, impératif, et tendre comme un Saint de légende. Sa condescendance pour sa bien-aimée est indulgente, mais inexorable; son amour en revanche se colore de tout le prisme diapré de ses immarcescibles félicités d'élu! Il semblait que le bonheur dût être un thème ingrat et fade, tant on avait mal réussi à lui donner de l'interêt; et voilà que cette aspiration ravie, simple, uniforme et infinie, vient d'inspirer une des œuvres d'art les plus pathétiques, car, sans conteste, la partie la plus poétiquement belle de cette partition, est cette inspiration que l'orchestre développe d'abord dans une si exquise instrumentation, et qui chaque fois que l'intervention miraculeuse du St Graal est remémorée, revient comme pour nous ouvrir un aperçu de l'Éden, où chatoient à nos yeux des flots d'amour célestes, de divins bonheurs, de gloires radieuses, d'exultations béatifiques.

Elsa, âme ardente et faible, rêve, prie, aime et trouve des accens, des accords sublimes en rêvant, priant et aimant. Son chant est comme l'haleine cadencée d'une respiration magnétique; il se perd dans l'infini, et touche à un insaisissable idéal, comme dans un vague horizon, des flots bleus se confondent avec un ciel bleu. Son entrevue avec Ortrude en succédant aux stridentes apostrophes de cette femme d'une barbare énergie, que chaque personnage du drame vient à son tour appeler: «une effrayante femme!» offre en musique, la transition que présente à nos regards, les tableaux de sainte Marguerite, aux yeux humides dans leur cristalline pureté et leur douce aménité, entourées des reptiles hideux qui en sifflant, enroulent les pieds de la vierge et martyre dévouée à leurs dards mortels.

Ortrude est une création si différente des types de médiocres envies, et de méchancetés vulgaires, qui défraient les scélératesses de nos théâtres, qu'elle semble destinée à prendre place un jour à côté des Lady Macbeth, des Marguerite d'Anjou, aussi bien qu'Elsa auprès de l'Ève de Milton, de la Psyché antique. Le rôle de Frédéric n'est point sacrifié, quoique paraissant devoir nécessairement l'être. Fasciné par les prédictions, confiant dans la science occulte de sa femme, il est plein de remords dans le malheur, car il ne voulait point s'avilir. Il regrette son honneur perdu; il croit à ce Dieu qu'Ortrude insulte, et ce n'est qu'en l'égarant, en lui représentant son adversaire armé d'une force qui n'est point venue d'en haut, qu'elle fait éclater toute la violence de son ressentiment en efforts désespérés pour venger son injure, et ressaisir le but de ses orgueilleux désirs.

Si les musiciens dramatiques pouvaient être portés à préférer le livret de *Tannhaüser* et du *Vaisseau-Fantôme* comme également poétiques par leur trame et la beauté de leurs vers, et néanmoins d'une substance qu'il est plus aisé d'assimiler à leur art, les poëtes dramatiques devront mettre le poëme de *Lohengrin*, au-dessus de tous ceux que Wagner a faits jusqu'ici. Son mérite littéraire suffirait pour placer son auteur parmi les écrivains hautement doués du sens tragique. A côté des vers du sentiment le plus touchant, des exclamations les plus heureusement trouvées, d'un dialogue où les secrètes impulsions des personnages sont trahies par un serpentement de pensée très-habile, la versification en est non-seulement sonore et belle, le style élevé et approprié aux caractères, mais de plus ce drame emprunte un singulier reflet de moyen âge à la reproduction du vieux langage allemand, à l'emploi de ses anciennes tournures, au fréquent retour de ces mots d'autrefois, qui sans être complétement oubliés, portent cependant un cachet de vétusté. Il faut aussi louer le tact et le bon goût avec lesquels cette imitation est bornée à des nuances aisées à saisir, pour ceux même qui ne sont point initiés aux secrets d'un archaïsme érudit; elle n'est jamais poussée au point de rendre le poëme d'une difficile compréhension. Mais non content de rappeler à l'oreille les anciennes assonances, Wagner a poursuivi cette imitation dans sa manière de disposer les lettres, qui, comme dans les anciens poëtes, Wolfram von Echenbach et autres, ne sont point majuscules au commencement de chaque vers. Ce simple détail frappe déjà l'œil qui parcourt les pages du livret. La concordance de toutes ces impressions nous transporte tellement aux temps et aux croyances qu'il ressuscite, que nous ne serions point étonné qu'au sortir de cet opéra, une fraction du public douée d'une imagination vive et tendre, ne fût presque convaincue de l'existence même du St. Graal, de son temple, de ses chevaliers, et de ses félicités inouies.

La musique de cet opéra a pour caractère principal une telle unité de conception et de style qu'il n'est pas une phrase mélodique bien moins encore un morceau d'ensemble, ou un passage quelconque, qui en étant détaché du reste, puisse être compris selon sa propriété, et son véritable sens. Tout se lie, s'enchaîne, se gradue; tout est inhérent au sujet et ne saurait en être séparé. Il deviendrait même difficile d'apprécier avec justesse des fragmens extraits de cette surface, où rien n'est mosaïqué, intercallé, surajouté, enclavé; où tout se tient et s'enchaîne comme les mailles d'un réseau; où tout est préconçu, préfixé; où chaque progression d'harmonie est précédée ou suivie d'une pensée correspondante: préméditation essentiellement allemande par sa rigueur systématique, et qui peut faire dire de cette grande œuvre, qu'elle est la plus réfléchie des inspirations. Il est d'ailleurs aisé de se rendre compte pourquoi tout épisode isolément entendu perdrait de son charme, en songeant au principe par lequel Wagner a personnifié en musique des rôles et des idées. Le retour des cinq phrases dont nous avons essayé de suivre les méandres: celle de l'introduction, celle qu'on entend lorsque le jugement de Dieu est invoqué, celle qui apparaît en même temps que Lohengrin, celle qu'il chante en imposant le serment d'Elsa, et celle qui accompagne les néfastes menaces d'Ortrude, de même que le retour moins fréquent, mais toujours justifié de motifs secondaires, ne permet naturellement de suivre toute la pensée dramatique, et d'éprouver toute l'émotion qui doivent résulter de cette complication, si neuve, si claire et si lucide dans ses tours et détours constans, que lorsqu'on est à même de s'initier à toutes les nuances déployées, à toutes les intentions cachées dans l'engencement général du plan de ce beau monument.

Il est des hommes qui, à l'aide d'une seule idée, d'une seule invention, d'une découverte minime en apparence, apportent des changemens immenses dans la sphère à laquelle ces découvertes appartiennent. D'autres, n'ajoutent ni la connaissance d'un fait nouveau, ni l'introduction d'un élément encore ignoré, à la science de leurs prédécesseurs, mais par une coordonnance jusques là inusitée des choses anciennes, agrandissent le domaine où travaille leur pensée. Wagner est novateur comme ces derniers ; son système se rattache à la tradition de Gluck, par l'importance qu'il donne à l'éloquence de la déclamation dramatique, et à celle de Weber, par l'éloquence déclamée et la sensibilité de l'instrumentation. Wagner eut certainement écrit l'Épître dédicatoire d'Alceste, si Gluck ne l'avait fait déjà[1]). Mais il dépasse et Gluck, et Weber, dans la pratique de leurs théories. S'emparant avec un rare bonheur et une intelligence des plus hardies, de toutes les conquêtes que la musique a faites depuis la mort de ces grands hommes, utilisant toutes les ressources qu'offrent les instrumens nouveaux aussi

1) Épître dedicatoire d'Alceste. «Lorsque j'entrepris de mettre »en musique l'opéra d'Alceste, je me proposai d'éviter tous les »abus que la vanité mal entendue des chanteurs, et l'excessive »complaisance des compositeurs avaient introduits dans l'Opéra »italien, et qui, du plus pompeux et du plus beau des spec»tacles, avaient fait le plus ennuyeux et le plus ridicule. Je »cherchai à réduire la musique à sa véritable fontion, celle de »seconder la poésie pour fortifier l'expression des sentimens et »de l'intérêt des situations, sans interrompre l'action et la re»froidir par des ornemens superflus; je crus que la musique »devait ajouter à la poésie ce qu'ajoute à un dessin correct »et bien composé la vivacité des couleurs et l'accord heureux »des lumières et des ombres, qui servent à animer les figures »sans en altérer les contours. Je me suis donc bien gardé d'in»terrompre un acteur dans la chaleur du dialogue, pour lui faire »attendre une ennuyeuse ritournelle, ou de l'arrêter au milieu »de son discours sur une voyelle favorable, soit pour deployer »dans un long passage l'agilité de sa belle voix, soit pour »attendre que l'orchestre lui donnât le temps de reprendre ha»leine pour faire un point d'orgue.

«Je n'ai pas cru non plus devoir ni passer rapidement sur »la seconde partie d'un air, lorsque cette seconde partie était »la plus importante, afin de répéter régulièrement quatre fois

bien que les belles applications qui en ont été faites par Meyerbeer et Berlioz principalement, il fait concourir à son but tous les moyens dûs au progrès des temps modernes, et tend à assurer, dans un système plus vaste que celui de Gluck, par un principe plus absolu que celui de Weber, la prédominance du sens poétique, auquel tous deux soumettaient le chant et l'orchestre. Tant qu'on n'a point vu et entendu les partitions de Wagner, qu'on n'a point étudié leur facture savante et leur effet scénique, il est peu aisé de se faire une juste idée du résultat qu'il a obtenu par la

»les paroles de l'air, ni finir l'air, où le sens ne finit pas, pour »donner au chanteur la facilité de faire voir qu'il peut varier »à son gré, et de plusieurs manières, un passage.

«Enfin j'ai voulu proscrire tous ces abus contre lesquels, »depuis longtemps se récriaient en vain le bon sens et le bon »goût.

« J'ai imaginé que l'ouverture devait prévenir les spectateurs »sur le caractère de l'action qu'on allait mettre sous ses yeux, »et leur indiquer le sujet; que les instrumens ne devaient être »mis en action qu'en proportion du degré d'intérêt et de pas»sion, et qu'il fallait éviter surtout de laisser dans le dialogue »une disparate trop tranchante entre l'air et le récitatif, afin de »ne pas tronquer à contre-sens la période, et de ne pas in»terrompre mal à propos le mouvement et la chaleur de la »scène.

«J'ai cru encore que la plus grande partie de mon travail »devait se réduire à chercher une belle simplicité, et j'ai évité »de faire parade de difficultés aux dépens de la clarté; je n'ai »attaché aucun prix à la découverte d'une nouveauté, à moins »qu'elle ne fût naturellement donnée par la situation, et liée à »l'expression; enfin il n'y a aucune règle que je n'aie cru de»voir sacrifier de bonne grâce en faveur de l'effet.»

jonction complète qu'il opère de ces deux sources, ou pour mieux dire de ces deux torrens d'émotion Il réussit à être en même temps symphoniste aussi extraordinaire, que grand dramaturge. Par cette concentration de facultés rares et diverses, il arrive à créer un ensemble qui peut plaire ou déplaire, mais qu'on ne saurait nier être un ensemble également logique et parfait dans sa conception colossale, que dans le moindre de ses détails. Mme de Staël, en disant que la musique était une architecture de sons, nous permet de comparer la structure des magnifiques édifices de Wagner, à un ordre architectonique dont ni les partisans, ni les détracteurs, ne pourraient changer ou modifier la moindre des lois, sans lui faire aussitôt perdre tout le caractère de son style.

Après avoir essayé de faire comprendre au lecteur la pensée mère du système dramatique de Wagner, qui étend les vœux et les efforts déjà manifestés par Gluck pour atteindre à une plus véritable fusion entre les effets de la poésie et de la musique, jusque sur le jeu des acteurs, auxquels il impose une profonde compréhension de leur art, en faisant concorder des nuances d'orchestration avec leurs gestes muets, et en prenant leur seule présence dans certaines scènes comme motif symphonique, il nous sera moins aisé de lui faire part du genre d'instrumentation de cet auteur. Nous ne pouvons qu'en indiquer certains traits significatifs comme, la division très-marquée qu'il fait de l'orchestre en trois groupes différens: celui des instrumens à cordes, des instrumens à vent, et des cuivres. Au lieu de les réunir ou de les partager selon des exigences conventionnelles ou arbitraires, il les réunit ou les partage par corps, appropriant soigneusement le caractère des timbres à celui des situations et des personnages de son drame. Cette distribution est une des innovations les plus saillantes dans sa manière d'écrire, une de celles qui se font d'abord remarquer. En voyant la persistance de cette répartition, l'on n'est nullement surpris d'apprendre dans une autobiographie de Wagner, publiée il y a quelques années par un journal allemand, que la première Ouverture qu'il fit exécuter à Leipzig, fût écrite par lui, pour en faciliter l'intelligence aux musiciens qui eussent voulu approfondir sa partition, en trois encres différentes : l'encre noire étant réservée aux instrumens à corde, l'encre rouge aux instrumens à vent, et la verte aux cuivres. La poursuite de ce parallélisme de sonorité, a dû nécessairement conduire Wagner à fondre dans son orchestration, des instrumens qui en général avaient été employés individuellement, et à lier entre eux presqu'indivisiblement quelques autres. En conséquence il emploie d'habitude trois flûtes, trois hautbois, (deux hautbois et un cor anglais), trois clarinettes, (deux clarinettes ordinaires et une clarinette basse), trois bassons, trois trombones et une tuba. Système ternaire, qui entre autres avantages, a celui d'attaquer et de soutenir l'accord entier par les mêmes timbres, ce qui éclaire et nuance son instrumentation d'un *jour*, qu'il dispose avec un art exquis, qu'il peut mélanger et harmonier avec la déclamation d'une manière aussi neuve qu'impressive, et faire singulièrement refléter sur elle. Wagner fait aussi un grand usage de la division des violons. En un mot, au lieu de s'emparer de l'orchestre comme d'une masse à peu près homogène, il le sépare en rivières ou ruisselets différens, et parfois si nous osions dire, en fuseaux de couleurs variées, aussi nombreux que ceux des ouvrières de dentelle, les mêlant, les enroulant comme celles-ci, et comme elles, produisant par leur étonnant enchevêtrement, une étoffe, une broderie merveilleuse et d'inestimable prix, où le mat d'un solide tissu, vient se plaquer sur les plus diaphanes transparences.

Dans un esprit aussi préoccupé de la poésie du drame, dans une organisation aussi sensitivement en éveil sur les impressions que portent à l'âme les moindres formes de l'art, cette tendance tout à fait propre à son génie, de scinder l'orchestre en trois courans de sons, qui, comme les eaux de quelques confluens de fleuves conservent leurs teintes différentes en coulant dans le même lit sans mêler leurs flots limoneux, azurés ou verdâtres, devait instinctivement répondre, ou être appliquée par lui, à quelque pensée d'un ordre purement intellectuel. Effectivement il en a été ainsi. Wagner a ménagé dès ses premiers opéras, mais décidément réservé dans *Lohengrin*, une autre palette pour ses principaux personnages. Plus on examine attentivement cette dernière partition, plus on s'apperçoit quelle intime relation il a établie entre son orchestre et son poëme! Non-seulement il a, comme nous l'avons dit, personnifié dans ses mélodies les sentimens et les passions qu'il mettait en jeu, mais encore il a voulu que leurs contours fussent animés par des coloris assortis à leurs caractères, et en même temps que des rhythmes et des mélodies, il affecte des timbres propres aux personnages qu'il crée. Ainsi le motif d'abord dessiné dans la première introduction, mentionné par la suite chaque fois que le souvenir du St Graal est rappelé, ou développé comme au recit que Lohengrin fait à la fin en dévoilant son sublime mystère, est invariablement confié aux violons. Elsa est presque exclusivement accompagnée par les instrumens à vent, d'où jaillissent les plus heureux contrastes, dans les momens où ils succèdent aux cuivres. On en est surtout ému, lorsque dans la première scène un silence a suivi le long récit du Roi (dont le rôle est constamment soutenu par les trombones et trompettes qui dominent alors monarchiquement l'orchestre), et qu'on entend ce doux et aérien murmure arriver comme les ondes parfumées d'une brise céleste, pour nous assurer avant même qu'Elsa ait paru, de tout l'éclat de sa pureté. La même instrumentation arrive comme une rosée rafraîchissante pour éteindre les sombres flammes du duo de Frédéric et d'Ortrude, alors qu'Elsa paraît à son balcon; elle sert aussi à la grande marche nuptiale du second acte, et parvient à rendre cette exaltation pieuse et cette volupté d'innocence, qui fait de ce morceau un des plus précieux sinon des plus apparens de l'opéra.

Les difficultés de la mise en scène et de l'exécution satisfaisante des opéras de Wagner, se réunissant à la nature si sérieuse de leurs sujets, à leur style si élevé, à la grande application qu'ils exigent du public, contribueront hélas! à en retarder la popularité. La sévérité de leur perfection les empêche de prétendre à ces banals applaudissemens qu'on prodigue aux œuvres de courte vitalité, ou bien à cet enthousiasme immédiat que le génie de Rossini et de Meyerbeer ont excité, en faisant flamboyer en traits fulgurans, ou s'exprimer en luxurians accords, toutes les passions humaines. Faudra-t-il donc attendre que la poudre du temps recouvre d'une couche convenable les partitions de Wagner, pour que les érudits en les feuilletant y découvrent les merveilles d'ingénieux secrets qu'elles renferment et que les poëtes aux admirations rétrospectives, se passionnent pour ces héros dépassant de cent coudées nos mesquines et ordinaires conceptions?

Certainement on ne saurait dire que les ressources du théâtre de Weimar soient suffisantes pour des drames, échafaudés sur une aussi vaste échelle. Ni la grandeur de la scène, ni le nombre du personnel de l'orchestre, des chœurs et des comparses, ne répond parfaitement à leurs exigences. Néanmoins, les efforts enthousiastes, le travail patient et courageux, la persévérante volonté de tous les artistes que nous avons eu l'honneur de diriger, ont fait oublier durant la représentation de l'opéra, tout ce qui pouvait y manquer. La profonde admiration que l'étude suivie de cette œuvre fait naître pour elle, a inspiré un si chaleureux entraînement, que malgré toutes les difficultés de cette tâche nous osons croire qu'elle a été dignement remplie. Le savoir musical tout à fait distingué de la plupart de nos chanteurs, en leur facilitant une entreprise inabordable à ceux qui ne sont point familiarisés avec la théorie de leur art, leur a permis de faire valoir toute la verve et tout le tragique imposés par les rôles principaux. Mlle Agthe en s'identifiant au sien a dit les séraphiques chants d'Elsa avec une pureté d'intention poétique et musicale et une justesse d'intonation rares, avec ce timbre argenté et voilé qu'on lui connaît, avec cet accent pathétique qu'elle a déjà si bien déployé dans l'Élisabeth de *Tannhaüser*. Mlle Fastlinger a joué et chanté de manière à faire frissonner son auditoire; tantôt froidement méprisante, tantôt exaspérée jusqu'à la fureur, elle a su durant le premier acte fixer l'attention sur sa physionomie mobile, et a produit le plus grand effet dans le long duo du second. MM. Beck, Milde, Höfer, ont rempli tout ce qu'on était en droit d'attendre de leurs talens. Quelque insuffisance qu'on eût pu remarquer dans les morceaux d'ensemble, le jeu et le chant de ces artistes donnèrent pourtant au soir du 28 Août, à la première représentation de *Lohengrin*, toute la solennité qui devait présider à l'inauguration d'une des plus remarquables productions de la poésie et de la musique contemporaines.

TANNHAÜSER

ET

LE COMBAT DES POÈTES-CHANTEURS

A

LA WARTBOURG.

GRAND OPÉRA ROMANTIQUE

DE R. WAGNER.

Comme en parlant de *Lohengrin*, il nous a été impossible, de ne point mentionner à plusieurs reprises un autre opéra du même auteur, également remarquable et important, *Tannhaüser*, et que celui-ci n'a encore été représenté que sur deux scènes de l'Allemagne, nous pensons que les personnes qui auront trouvé quelque interêt à suivre la trame poëtique et musicale de *Lohengrin*, pourraient désirer connaître aussi celles de *Tannhaüser*, non moins belles toutes deux. Nous croyons donc compléter le tableau que nous avons essayé de présenter, en reproduisant ici quelques lignes que nous avions déjà publiées dans le *Journal des Débats*, en 1849.

I.

Il y a quatre ans que R. Wagner, maître de chapelle du Roi de Saxe, a fait représenter pour la première fois, à Dresde, son opéra: *Tannhaüser et le Combat des Poëtes-Chanteurs à la Wartbourg.* Le génie de ce compositeur, maître de diverses formes, lui permet d'écrire lui-même le livret de ses opéras, et d'être à la fois le poëte de sa musique et le musucien de sa poésie, avantage précieux pour l'harmonieuse unité de ses conceptions dramatiques. De même qu'à un instant où, ne se contentant plus du sentiment répandu dans leurs tableaux par les maîtres de la première école, on demanda à la peinture la réalité du dessin, de la couleur, et de la perspective, aujourd'hui on exige de l'opéra un ensemble de qualités de plus en plus complet, et la charpente de son livret attire davantage l'attention. Celui de *Tannhaüser* est écrit avec un grand sentiment poétique, et forme déjà à lui tout seul un drame émouvant, rempli des plus fines nuances du cœur et de la passion. Le plan en est original et hardi ; il s'y trouve de beaux vers : des vers qui accusent et révèlent comme des lueurs soudaines, les impulsions violentes ou sublimes. La musique en est tout-à-fait neuve et réclame un examen spécial ; aussi la représentation de cet ouvrage nécessite-t-elle un orchestre exercé, de bons chanteurs, d'excellens chœurs, et un assez grand déploiement de forces scèniques. Toutefois on a exagéré ces exigences, et c'est à tort qu'aucun autre théâtre ne s'est mis en devoir de le donner jusqu'à présent. Les difficultés qu'il présente seraient aisément abordables pour ceux du premier ordre, et le résultat obtenu par la tentative qui vient d'en être faite, le prouve suffisament.

Il est une petite capitale peu populeuse, peu animée, mais qui conserve avec piété les traditions qu'y ont laissés les grands génies dont elle a été la résidence, et plusieurs générations de princes remarquables et distingués ; cette petite capitale en qui il est facile de reconnaître Weimar, continuant son hospitalité aux belles et grandes choses, a été la première à inaugurer l'enthousiasme de l'Allemagne pour cette belle œuvre. On l'y a représenté pour la première fois le jour de la fête de S. A. I. et R. Mme la Grande-Duchesse, qu'on célèbre chaque année avec un bonheur sincère, inspiré par les longs bienfaits que répandent sous toutes les formes autour d'elle, sa constante vigilance aux intérêts du bien-être de ce pays, sa charité inépuisable, sa bienveillance éclairée, sa haute et délicate compréhension de toutes les supériorités, et le royal accueil qu'elle sait faire à toute grandeur d'âme et d'intelligence.

L'action de *Tannhaüser* se passe au Château de la Wartbourg (près d'Eisenach), appartenant aux États du Grand-Duc de Weimar, et restauré maintenant avec un goût parfait par le Grand-Duc Héréditaire. Ce château a été célèbre au moyen-âge. Les Landgraves de Thuringe y ont accordé une protection brillante aux poëtes de leur temps, et les vertus miraculeuses de Ste Elisabeth qui y régna, ont été récemment encore rappelées au souvenir des fidèles, par la poétique et pieuse érudition de M de Montalembert. Au soir dont nous parlons, la pensée de l'auditoire en remontant les âges, trouvait que ses souverains étaient restés noblement attachés à ces antiques traditions de respect et d'amour pour les arts, qui en revanche, leur apportaient en tribut la plus douce des gloires. Les mémoires de Wieland, de Herder, de Goethe, de Schiller, de Jean-Paul, de Hummel, faisaient lever les yeux du public avec reconnaissance vers cette loge, où se trouvaient réunis autour de Mme la Grande-Duchesse, des Princes et des Princesses faits pour comprendre ce qu'il y a de grandeur à apprécier le Génie, et à favoriser son libre essor. Ses deux filles surtout, Mmes les Princesses de Prusse, ont puisé dans cette atmosphère, dès leur jeunesse, la noble grâce qui les distingue, et le beau profil de Mme la Princesse Guillaume rayonnait de tout l'éclat de l'auréole que lui fait déjà la reconnaissance de plus d'un poëte, auquel sa divination et sa louange ont été la plus belle des couronnes.

Le sujet de l'opéra est tiré des anciennes légendes de ces contrées. Réunissant et reliant des faits épars dans diverses chroniques, l'auteur en a tissé un épisode plein d'élémens poétiques, fantastiques et dramatiques. Au treizième siècle, alors que le paganisme mal effacé encore, laissait voir ses traces dans des croyances superstitieuses se liant tantôt avec le culte chrétien, tantôt avec les noms de la mythologie grecque, qui de chez les savants, arrivaient à travers des notions confuses jusqu'au peuple, il advint qu'une Déesse *Holda* qui jadis avait été le type de la beauté, et avait présidé au printemps, aux fleurs, et aux joies de la nature, se confondit peu à peu dans l'imagination populaire avec la Vénus hellénique, et finit par représenter l'entraînement de la volupté et l'attrait des plaisirs sensuels. Le personnage mythique, qu'on appela *Dame Vénus*, fut supposé avoir des demeures cachées dans l'intérieur des montagnes. Une des principales devait se trouver dans le Hörselberg, avoisinant le château de la Wartbourg. Là, elle tenait cour plénière dans un palais féerique, entourée de ses nymphes, de ses naïades, de ses syrènes, dont les chants étaient entendus au loin, par les malheureux en proie aux désirs impurs, et qui alors, conduits par ces voix fatales, arrivaient à travers des chemins inconnus, à cette grotte où l'Enfer se déguisait sous des charmes décevants, pour entraîner dans une eternelle perdition ceux qui se livraient à leurs séductions damnables.

Tannhaüser, chevalier et poëte, avait, à l'un de ces combats où l'on se disputait la palme de l'art, remporté une éclatante victoire, et la P^sse^ Elisabeth de Thuringe, aima celui pour lequel l'admiration ne lui semblait qu'un froid hommage. Peu de temps après, il avait disparu sans que personne put s'expliquer son absence. Un jour que le Landgrave revenait de la chasse, accompagné des poëtes qui avaient été ses rivaux, et qui formaient la lumineuse pléïade de cette époque, ils le trouvèrent non loin du Château, agenouillé sur le grand chemin et joignant une fervente prière au chant des pélerins qui traversaient la vallée pour se rendre à Rome. Bientôt reconnu, questionné, il ne répond qu'avec peine et réserve. «Il revient de loin», dit-il, «de contrées où il n'a trouvé ni paix, ni repos,» et plein de tristesse et d'abattement, il refuse de se réunir à eux et veut poursuivre sa route solitaire. Wolfram von Eschenbach, un des poëtes de ce temps qui a laissé le plus de renommée, s'obstine à le retenir, et lui parle d'Élisabeth, qui, silencieuse, pâle, et voilée de mélancolie, n'écoute plus les bardes, ne revient plus aux fêtes, et se consume dans un lent chagrin depuis qu'il s'est éloigné d'elle. Tannhaüser répète ce nom avec l'accent des joies inattendues, et vaincu enfin dans sa singulière résistance, il s'écrie: «Vers elle!.. vers elle!..» *Zu ihr! zu ihr!*

A ce retour inespéré, la Princesse renaît à la vie. Sa tendre affection pour elle, inspire au Landgrave l'idée d'un nouveau combat de poëtes dont il la proclame reine. Persuadé que Tannhäuser en serait de rechef le vainqueur, il promet de ne refuser aucun prix aux vœux de celui qui triompherait ce jour-là, et il choisit l'Amour pour thème de leurs chants. C'est Wolfram qui les commence, lui aussi épris d'Élisabeth, épris de cet amour profond qui se délecte dans le sacrifice et aspire au bonheur de ce qu'il aime, fut-ce aux dépens du sien propre: lui qui avait ramené l'amant oublieux à celle dont il n'avait à espérer d'autre aveu que ces vers de la ballade de Schiller:

«Chevalier, une fraternelle amitié
»Ce coeur vous l'a vouée.
»N'en exigez pas d'autre,
»Car cela me serait une douleur!
»Sans trouble je vous vois approcher
»Ou bien vous éloigner;
»Et les larmes silencieuses de vos yeux,
»Je ne saurais les comprendre.»[1])

Mais comme le chevalier Toggenburg, lors même qu'il n'était pas aimé, il continuait d'aimer, et cette abnégation qui affaisse l'âme par la surexcitation de son énergie latente, se trahit dans son chant rempli d'une muette adoration pour le sentiment, qui dans sa simplicité navrante se contente d'exister.

Tannhaüser se lève pour dire, «qu'il comprend »et admire cette forme du sentiment, mais que cette »prostration d'espérances et de désirs n'est qu'un »résultat souffrant, douloureux, maladif, des luttes »de notre existence: que dans la plénitude de ses »facultés, l'homme veut posséder ce qui l'attire, et »jouir de toutes les jouissances dont il se sent ca-

1) «Ritter, treue Schwesterliebe
»Widmet euch dies Herz;
»Fordert keine andre Liebe,
»Denn es macht mir Schmerz.
»Ruhig mag ich euch erscheinen,
»Ruhig gehen sehn.
»Eurer Augen stilles Weinen
»Kann ich nicht verstehn.»

»pable: que cette source du Beau devant laquelle »Wolfram se prosterne dans un respectueux éloignement, peut être approchée avec ferveur, car elle »est aussi intarissable que la soif en est inextinguible, »et que l'Amour pour déployer son entière puissance, »doit marcher dans toute sa force et dans toute sa »liberté.»

Walther de Vogelweide, renchérissant sur la délicatesse du renoncement de Wolfram, identifie l'Amour avec la Vertu, et tandis que celui-ci ne faisait que s'abstenir de troubler par une coupable témérité la transparence limpide de la source mystique, Walther déclare qu'on ne saurait jamais approcher ses lèvres de la Pureté immaculée, sans en souiller l'essence.

Tannhaüser s'indigne de si creuses idolâtries, de si factices conventions, démenties par chaque battement de son cœur. Il reproche à Walther une trop morose conception de l'Amour ; il l'engage «à »reporter aux étoiles des Cieux, que nous ne sommes »pas destinés à jamais atteindre, ses ascétiques con»templations, et à ne pas les confondre avec le be»soin que nous éprouvons de nous approprier ce »qui vit de notre vie, s'anime de notre souffle, et »tressaille de nos tressaillemens».

Biterolf l'interrompt vivement, et avec une rudesse guerrière, dédaigneuse, et jalouse peut-être, le provoque à un autre combat. «Il a toujours», ajoute-t-il, «rompu des lances pour l'honneur des »femmes, mais si cet honneur n'est même pas com- »pris du barde étranger, l'apologie des plaisirs vul- »gaires, lui semble comme indigne du combat qu'il »propose!» On applaudit à cette brusquerie chevaleresque, comme on avait applaudi tous les adversaires de Tannhaüser, lequel répond avec mépris: «qu'en effet, tout ce que la rude et grossière nature »de Biterolf pourrait jamais ressentir de tendresse, »de rêverie et de bonheur, ne valait guère la peine »d'être disputé en champ clos!»

Le tumulte survient. Le cliquetis du fer succède aux accords de la lyre. Wolfram s'efforce de rétablir la paix, de bannir toute scène troublante de cette salle, de cette présence sacrée; il invoque les plus hautes inspirations de l'Amour pour honorer dignement, «cette divine émanation du Ciel, qui seule nous »y fait remonter».

Tannhaüser exaspéré par le sarcasme, la colère, la malveillance dont il se voit l'objet, l'écoute à peine, et entonne avec exaltation un chant à la louange de la Déesse païenne. «Que je vous plains!» s'écrie-t-il à la fin «vous qui parlez d'amour, et ne savez rien

»de la volupté et de son âpre délire! Allez! Allez! »auparavent la goûter au mont de Vénus!....»

Un cri d'horreur part de toutes les poitrines! Les nobles dames fuient, effarouchées par ce nom offensant pour leur pudeur. Tous les hommes tirent instantanément l'épée, et se précipitent sur l'audacieux criminel, dont la longue disparition s'explique tout-à-coup. Mais Élisabeth, qui à cette révélation cruelle s'était d'abord affaissée dans son accablement, se jette devant lui à cette vue, le couvre de son corps vierge comme d'un éblouissant bouclier, «sans craindre »d'être atteinte par les pointes de leurs glaives nom»breux, son âme venant d'être transpercée d'un bien »autre glaive de douleur!...» Elle repousse leur rage aveugle, et lorsqu'ils s'étonnent qu'elle ait le courage de défendre celui qui l'avait trahie, elle s'écrie: «Eh! »qu'importe ici, ce que moi je deviens! Mais »lui....» Elle réclame pour lui les droits du repentir, les bienfaits du sang divin, l'appel à la céleste miséricorde qui peut plus pardonner que l'homme ne peut pécher! Elle, la chaste vierge «dont il venait de flétrir si »insouciemment tout le bonheur, elle qui l'a tant aimé »et qu'il vient de blesser à mort, elle les adjure, eux »à qui il n'avait jamais fait de mal, de respecter

L'auguste infortuné, que son âme dévore,

»et pour lequel ils ne savent pas, si la grâce n'a pas »réservé le merveilleux secret qui donne la *force*

»*de la foi!*» Et la vaillante jeune fille finit par conquérir la vie de son amant! Quel courroux du Ciel et des hommes eût résisté à la vertu persuasive de ces supplications d'amour? Émus, touchés, interdits, tous s'arrêtent, et Tannhaüser foudroyé par cet amour dont l'ardeur fait surgir l'espoir dans l'abîme du désespoir, s'élance pour se joindre aux pélerins qui allaient à Rome, afin d'y chercher l'absolution de son terrible égarement.

De longs jours et de longues nuits la Princesse de Thuringe attendit le moment de son retour, priant, pleurant, espérant! Un soir que dans cette même vallée où il avait été retrouvé par le Landgrave, elle s'agenouillait aux pieds d'une Madone, les pélerins avec lesquels il était parti repassèrent par cette route pour rentrer dans leurs foyers. Haletante, elle se lève pour voir s'il est avec eux. Elle ne le retrouve pas!.. Elle retombe prosternée devant la Sainte-Patronne, Consolatrice des affligés, et dans une de ces prières qui emportent l'âme dans leur vol, elle demande à Dieu «sa mort à elle, son salut à lui!» Lorsqu'elle se relève pour monter la colline du château, Wolfram en vain, demande à l'accompagner. Restée seule sur la terre, il n'y a plus que la solitude qui lui soit chère, car elle demeure à jamais inconsolée.

Il revient toutefois, le malheureux et illustre coupable. Mais qui reconnaîtrait sous les habits déchirés de ce pélerin aux yeux hagards, à la démarche chancelante, le brillant vainqueur de tant de rivaux! C'est avec difficulté que Wolfram retrouve ses traits si changés par une livide pâleur. Il l'interroge, impatient de connaître son sort. Tannhaüser ne lui répond qu'en lui demandant avec ironie le chemin de la grotte maudite. Saisi d'horreur, Wolfram n'abandonne pourtant pas celui qu'aimait Élisabeth; il ne se rebute point; il continue ses questions, et le pénitent décharné, dans l'amertume et l'écrasement de son cœur, lui fait le récit de ce voyage, durant lequel transporté d'un seul sentiment, il eut voulu rassembler sur lui toutes les humaines souffrances, pour en combler la douleur de sa sainte maîtresse,.... «alors que »les ronces et les épines des chemins, lui paraissaient »un duvet trop moëlleux pour ses pieds meurtris; »alors qu'il ne préservait ses membres ni de la neige »des glaciers, ni des ardeurs du soleil, et que, fermant les yeux à toutes les beautés de ce monde, il »baissait les paupières en traversant les splendeurs »de l'Italie, pour ne pas se laisser surprendre par la »moindre joie! Il était ainsi arrivé à Rome plus macéré que les plus austères, plus repentant que les »plus humbles. Il avait confessé son crime.... mais »celui qui a puissance de lier et de délier le frappa »de cette sentence: *Quiconque a une fois brûlé des*

»flammes de l'Enfer, n'échappe plus à leur enlacement »Il serait plus aisé au bois de la crosse sainte de re- »verdir par l'effet d'une sève miraculeuse, qu'à l'âme »qui s'est livrée aux sinistres blasphêmes de Vénus, de »renaître à la Lumière des Justes!» Ce pélerinage, raconté comme il l'est, le tableau de ce trajet où tant d'amour avait fait éclater un tel repenti et soulevé tant d'espérances, forme une des plus déchirantes pages qui ait jamais été écrite!

Les Chroniques qui citent l'oracle de l'Évêque, ajoutent que le Chevalier repoussé avec cette inexorable sévérité, étant retourné dans sa patrie pour se reprendre aux débauches dont on ne voulait pas le sauver, un matin, le prêtre sans charité vit fleurir sa crosse d'amandier, pour preuve que le bois mort revivrait s'il le fallait, mais qu'un cœur contrit n'avait pas été rejeté.

Tannhaüser désespéré par cet implacable arrêt, ne parvenant pas à toucher des oreilles fermées à la pitié, cherche, pour s'y replonger, l'antre de Vénus. Il veut retrouver les secrets sentiers.... et le chant des syrènes, et la voix de la Déesse se font entendre! Il s'élance au devant d'elles, avec le desespoir de l'anathême. Wolfram le retient, se cramponne à lui, mais ne parvient à rompre le charme détestable qu'en prononçant le nom d'Élisabeth. Cette fois encore ce nom exerce son magique et salutaire empire. Aussitôt la vision impure disparaît. Les mélodies d'une si décevante suavité s'évanouissent, et Tannhaüser redit encore ce nom avec le même amour et la même espérance. A cet instant, on voit s'approcher la procession funèbre qui porte à sa dernière demeure, celle, qui avait voulu ne vivre et ne mourir que pour lui. Il tombe devant ce cercueil où repose une victime qui avait souffert une *Passion,* afin que les siennes fussent rachetées. Il tombe, il meurt. Il est sauvé! . . .

II.

L'ouverture de cet opéra extraordinaire, est une œuvre non moins admirable en elle-même. Elle résume la pensée du drame. Le chant des pélerins et le chant des syrènes y sont posé comme deux termes, qui dans le final trouvent leur équation. D'abord le motif religieux apparaît calme, profond, à lentes palpitations, comme l'instinct du plus beau, du plus grand de nos sentiments, mais il est submergé peu à peu par les insinuantes modulations de voix pleines d'énervantes langueurs, d'assoupissantes délices, quoique fébriles et agitées: agaçant mélange de volupté et d'inquietude! La voix de Tannhaüser, celle de Vénus, s'élèvent au-dessus de ces flots écumants et bouillonants, qui montent incessamment. Les appels des syrènes et des bacchantes, deviennent toujours plus hauts et plus impérieux. L'agitation atteint à son comble; elle ne laisse aucune corde silencieuse; elle fait résonner chaque fibre de notre être. Les notes vibrantes et pantelantes, tantôt gémissent, tantôt commandent dans une alternative désordonnée, jusqu'à ce que l'immense aspiration de l'infini, le thème religieux, revienne graduellement, s'empare de tous ces sons, de tous ces timbres, les fonde dans une suprême harmonie, et déploie dans toute leur vaste envergure les ailes d'un hymne triomphal!

Cette grande ouverture forme un tout symphonique si complet, qu'on peut la considérer comme un morceau indépendant de l'opéra qu'il précède. Les deux pensées principales qui s'y déroulent, avant de se réunir dans leur immense confluent, expriment leur entière portée, l'une avec furie, l'autre avec un si irrésistible ascendant, qu'elle finit par absorber l'espace, en déployant son invincible envahissement. Ces motifs sont si caractéristiques, qu'ils portent en eux tout le sens affectif exigé des pensées musicales, confiées à la seule instrumentation. Ils peignent si vivement les émotions qu'ils interprètent, que, pour comprendre leur nature, il n'est pas besoin d'un texte explicatif, il est inutile de connaître les paroles qui s'y adaptent plus tard. Prétendre qu'elles sont nécessaires à l'intelligence de cette symphonie, serait imiter ceux dont Shakespeare dit, qu'ils veulent: «blanchir »le lys, peindre la violette, dorer l'or . . .» et pour le moins ressembler à certains auteurs chinois, qui, afin de faire remarquer aux lecteurs les intentions de leur style, croient utile d'inscrire aux marges des livres: *pensée profonde*.... *métaphore*.... *allusion*.... etc., etc. chaque fois qu'il s'en rencontre dans leurs ouvrages. En Europe, écrivains et musiciens peuvent mieux augurer de la sagacité du public, de l'éloquence de leur art, et de la clarté de leur diction. Or, ce serait éprouver des scrupules analogues à ceux des lettrés du Céleste Empire, en se refusant de séparer parfois l'ouverture de *Tannhaüser* de son opéra, par crainte qu'elle ne reste incomprise ou sans intérêt. La chaleur de son coloris rend trop sensiblement les passions qui l'animent, pour laisser la moindre place à une inquiétude pareille.

Des figures rhythmiques et harmoniques distribuées entre les violes, les violons à l'aigu, (partagés en plusieurs pupitres), et les instrumens à vent, *(pianissimo)* accentués par de légers coups de cymbale, divisés en périodes saccadées et en groupes de notes montantes formant une spirale sténique, se perdant et se retrouvant en enlacements inextricables, se détachant sur un tissu presqu' ininterrompu de trémolos et de trilles, fréquemment et vivement modulées, font percevoir les fascinations des syrènes par un effet nouveau, d'une sonorité si languidement amoureuse, que le riche repertoire des musiques de ce genre déjà existantes, n'offrait pas encore ce nous semble d'image aussi hardie, d'aussi saisissant reflet, des incitantes attractions de la sensualité, de ses vertigineux entraînemens, de ses prismatiques éblouissemens. Il s'y glisse des notes qui sifflent à l'oreille, comme certains regards chatoient à la vue: longues, pénétrantes, désarmantes . . . . perfides! Sous le velouté de leur artificielle douceur on saisit des intonations despotiques, on sent trembler la colère. Ça et là des *mordantes* de violon, s'échappent de l'archet comme des étincelles phosphoriques. Le retour des cymbales nous imprime un ébranlement, comme le lointain écho d'une orgie devenue sauvage. Il y a des accords d'un frénétique enivrement, qui nous rappellent que les Cléopâtres ne trouvaient pas leurs fêtes déparées par la cruauté, qu'elles ne se refusaient pas à joindre aux spasmes de l'amour ceux des sanguinaires spectacles, qu'elles savaient associer de barbares plaisirs aux émotions affadies que procure la Beauté. La présence des ménades, et leurs rondes fougueuses dans la grotte de Vénus, confirment ensuite cette impression; c'est en la faisant naître, que ce déploiement de la Volupté, arrivée ainsi à sa dernière puissance, se distingue originellement de toutes les compositions musicales, qui ont si souvent cherché à la peindre. Une fois entraîné par ces inquiétations délicieuses et altérantes, on dépasse la sphère des vulgaires tentations. Wagner ne s'est point contenté de motifs aisés et libres, comme la plupart de ceux dont la verve défraie les goûts et les penchans qui se font jour dans les scènes de Rubens et de Téniers, quand il a voulu rendre les captantes et tyranniques séductions, de la Mère et de la Reine des amours. Il a su découvrir l'indéfinissable subtilité des sons atténéris qui règnent à la cour de Cythère, jusqu'à laquelle ne pénètre qu'un petit nombre, initié par les Grâces elles-mêmes, et conduit par un cortège qui en présentant la coupe des plaisirs, y fait trouver d'étranges, de fatales, mais non de grossières ivresses. Il fallait à un génie allemand, quelque chose de l'universelle intuition dont Shakespeare a fait preuve, pour se pénétrer ainsi du sang en quelque sorte de l'antiquité, et s'inspirer à une excitation si étrangère aux ternes effervescences du Nord.

La Passion charnelle, est représentée ici avec les véhémentes jouissances, les délices raffinées, que les natures obtuses, froides et lourdes ne sauraient même imaginer, mais que peuvent rêver, chercher, et poursuivre, des natures énergiques qui veulent plus que de banales sensations : organisations hautes et délicates parfois, qui jettent aux vents de tous les hasards, la sève exubérante de leur trop plein de vie, et laissent déborder sans entraves aucunes, leurs passions torrentielles, tant qu'elles n'ont point trouvé de lit assez large et assez profond, pour contenir leurs flots grondans, tumultueux, et jamais assoupis. On peut admirer justement dans la production de Wagner, que la vigueur de la touche n'y détruit jamais sa mollesse. Il était malaisé de lui maintenir ces deux caractères, et cependant leur réunion pouvait seule rendre, les furieux et langoureux transports, dont il arrive à l'homme de vouloir arracher le secret, aux désirs sans tendresse.

Au milieu de cette harmonie qui engourdit par la quantité de sons fins, déliés, tenus, insaisissables et brûlans, comme les attaches et les lacs de la volupté; au milieu de cette harmonie qui déborde et s'extravase en scintillant, comme un miroitement de plus en plus aveuglant, un intérêt dramatique nous réveille presqu' en sursaut, lorsque le sentiment, de vague qu'il était, s'individualise dans deux phrases mélodiques, dont l'une nous frappe comme un cri de délectation, un cri de triomphe mélangé de défi, dont l'autre nous berce comme l'appel articulé d'une voix séductrice, succédant à de muets embrassemens.

Afin de surplomber majestueusement, des gouffres si brillantés de voluptés et de plaisirs, le musicien devait s'élever à une hauteur peu ordinaire. Le thème religieux déjà englouti une première fois par ce susurrement de notes, qui frôlent l'oreille comme des haleines embrasées, chatouillent le bout des doigts, troublent le cerveau, agacent les nerfs comme des promesses fabuleuses et des enchantemens incompréhensibles, et devant surgir encore devant ce délire halluciné, cette pâmoison volupteuse, risquait d'apparaître froid, morne, sec, aride, aussi vide qu'une négation en face d'une félicité; de n'être qu'une sorte de ressort usé, d'antagonisme commun, de contraste brusque, mais peu concluant. Il n'en a pas été ainsi. Le motif saint ne se dresse point comme un rude maître, imposant durement silence aux licencieux chuchottemens, qui grouillent en cet antre de joies terribles. Il ne reste point sombre et isolé, en leur présence. Il arrive limpide et doux, pour s'emparer de toutes les cordes dont la résonnance est une si charmante amorce; il les saisit une à une, quoiqu' elles se disputent à lui avec un acharnement désespéré. Mais toujours calme et placide, il étend son domaine malgré ces résistances, en transformant, en s'assimilant les élémens contraires. Les masses des tons ardens se détachent en débris, qui forment des discordances toujours plus pénibles, jusqu'à ce qu'elles deviennent répulsives comme des parfums en décomposition, et que nous le voyions avec bonheur, se fondre dans l'auguste magnificence du Cantique, qui inonde de sa pompe et de son éclat tout le luxe attractif qui avait précédé, resplendissant à mesure, qu'il se déploie tel qu'une nappe de soleil liquéfié, tel qu'un immense courant, emportant toute notre âme, tout notre être dans un Océan de Gloire!

Nous n'ignorons pas que le récit des impressions produites par certaines œuvres d'art, ne suffit pas le moins du monde à la critique qui les juge, les range, et les catégorise; et en ceci nous sommes loin d'infirmer ses arrêts, sachant les inconvenients qu'il y a, à les juger plutôt d'après les pensées qu'elles suggèrent, que d'après celles qui y sont réellement exprimées. C'est un écueil auquel une portion du public éclairé n'échappe guère, ce qui explique comment il arrive promptement à louer des œuvres médiocres, et à ne tenir que peu de compte de telles autres, qui sont de grand prix, mais qui offrent plus de profondeur que de surface, et exigent pour être comprises de plus parfaites connaissances, une plus complète appropriation des formes diverses de l'art. De nos jours, le public renferme un grand nombre d'esprits cultivés, qui, ne se bornant point à éprouver un plaisir indéfini, un tressaillement doux et cadencé, se plaisent à interpréter par des pensées et des images analogues, le sens de toute musique. Le compléter ou le dénaturer, devient par là également facile, aux imaginations vives et sensibles. Pour peu qu'elles ne soient point guidées et retenues, par un savoir solide et une entente saine des premières notions de l'art, la justesse ou l'erreur de leur conception, n'est plus que l'effet du hasard. Quand au lieu d'estimer la perfection de la forme et l'excellence des procédés dont un compositeur est maître, en même temps que l'élévation ou la grâce des sentimens retracés par lui, on se contente de jouir des idées qu'il suscite par le choix de son sujet ou son à propos, il est aisé d'être entraîné aux jugemens les moins fondés. Aussi, ne nous permettrions-nous pas de parler au nom de nos admirations particulières, de nos préférences personnelles, de nos sympathies intimes. Nous ne nous dénions pas le droit d'en concevoir, en dehors des règles qui servent à la critique, car l'artiste ne cesse point d'être homme, et en cette qualité, de faire partie du public qu'entraîne l'émotion première. Nous avouons, que nous considérerions son sort comme dur et maussade, s'il devait renoncer à se laisser charmer avant de critiquer, à être enchanté avant d'avoir pesé son approbation par grammes et scrupules, à rêver aussi ses propres rêves devant les tentatives des jeunes imaginations, et à savoir gré ensuite aux prétextes de ses rêves. Oublier comment on est surpris, inopinément envahi par un attrait qu'on n'a point encore analysé, comment se communiquent les frémissemens irraisonnés de la foule, serait peut-être même un fâcheux résultat, pour celui, qui ne peut lui devenir tout à fait étranger qu'à son propre détriment, tout obligé qu'il est, de se mieux rendre compte plus tard de ses impressions, qu'elle ne le fait. Mais nous savons que ces admirations contagiées, ne doivent point sortir du domaine de la psychologie individuelle, et qu'en entretenir le public serait oiseux, puisqu'il est surrérogatoire de préconiser les œuvres applaudies avec justice, et qu'aux succès des œuvres médiocres qui conviennent à son goût momentané, on n'oppose que des palliatifs; on agit contre le symptôme, non contre le mal; dégoûté d'une forme, le public en adopte une autre, d'égale valeur ou moindre encore.

Si nous nous étendons longuement sur le nouvel opéra de Wagner, c'est que nous avons la conviction que cette œuvre renferme un principe de vitalité et d'éclat, qui lui sera un jour généralement reconnu. Les innovations qu'elle contient sont puisées dans les vraies puissances de l'art, et se justifient toutes, comme conquêtes du génie. Ainsi, pour ne parler encore que de l'ouverture, nous ferons remarquer qu'on ne saurait prétendre d'un poëme symphonique, qu'il soit écrit d'une manière plus conforme aux règles de la coupe classique, qu'il ait une plus parfaite logique dans l'exposition, le développement, et le dénouement des propositions. Leur ordonnance est aussi claire, aussi précise, quoique plus riche, que ceux des meilleurs modèles en ce genre.

Les premières seize mesures, posent la première moitié du thème réligieux, en *mi-majeur*[1]), se cadençant sur sa dominante, dans le régistre inférieur des clarinettes, cors et bassons. La seconde partie[2]) en est admirablement modulée par les violoncelles, auxquels se joignent les violons, à la neuvième mesure. Tout le thème est ensuite répété par les cuivres *fortissimo*, dans le même ton, sur un rhythme plus mouvementé, en triolets croches, constamment accompagné d'une figure diatonique descendante, en triolets double croches. Pendant les seize mesures suivantes, la seconde partie du thème s'achève par les instruments à vent, sur le même rhythme de triolets *mezzoforte*, *diminuendo*, et *piano*; mais la figure en triolets double croches ne se reproduisant qu'à chaque deuxième mesure, effectue ainsi une diminution du rhythme correspondante à la diminution de sonorité. La reproduction intégrale, seulement assourdie des onze premières mesures, forme la fin de cette introduction, sur un renversement de l'accord de septième diminuée.

L'Allégro commence par indiquer le motif agaçant

1) Voir au Supplément Nr. 1.
2) Voir au Supplément Nr. 2.

et voluptueux auquel se superpose immédiatement, un membre de phrase rhythmique qui lui sert de corollaire, se développe dans tout le reste de l'ouverture, et n'en disparaît qu'à la reprise *finale* du thème religieux. Le motif d'abord indiqué, ne se déploie en entier qu'après une trentaine de mesures, occupées par les figures que nous avons mentionnées déjà, en parlant du caractère donné par Wagner à la fascination des syrènes[1]). Ce motif est partagé au-dessous d'un trémolo de violon, entre les altos et les clarinettes, et se deverse, (après s'être complétement déroulé), dans une phrase de transition, dont le *crescendo* sert comme de conduit électrique, à une mélodie à franches arrêtes, taillée dans la dominante, *(si-majeur)*[2]), et accusée *fortissimo* par tout l'orchestre. Elle dure plus de vingt mesures, et est couronnée par l'explosion de la phrase corollaire, graduée sur trois accords ascendants[3]), dont la dissonance bachique étourdit l'oreille et les sens. Les figures antérieures sont reprises ensuite *pianissimo*, jusqu'à l'apparition d'une mélopée en *sol-majeur*[4]), confiée premièrement à la clarinette, continuée par un violon dans le registre des sons harmoniques les plus élevés, poursuivie par l'arabesque fantasque du motif

1) Voir au Supplément Nr. 3.

2) Voir au Supplément Nr. 4. Chantée par Tannhaüser lorsqu'il glorifie les charmes de Vénus.

3) Voir au Supplément Nr. 5.

4) Voir au Supplément Nr. 6. Attribuée plus tard à Vénus.

voluptueux qu'exécute l'alto, et qui, s'enveloppant comme d'un pénombre dans un trémolo de violons s'évanouit en *fa-dièze.* Elle fait place à la phrase de transition qui avait amené la mélodie en *si,* phrase de brâme lamentable et qui, cette fois sur la pédale de *fa-dièze,* aboutit par une progression chromatique au retour de cette même mélodie, sur la tonique.

La Coda résume les principaux dessins du début de l'Allégro, et arrive à son plus haut degré de frénésie, par une descente chromatique sur la pédale de *si,* opérée par la dernière répétition de la phrase corollaire. C'est à ce moment, que revient sur l'accord dissonnant, que nous avons noté dès l'entrée du mouvement vif à quatre temps, (*mi, sol, la-dièze, ut-dièze,* mais cette fois sur la pédale de *si*), la figure en doubles croches déjà entendue avec le thème religieux, et qui maintenant, avec une accélération de vitesse, monte par divers renversements de cet accord, sans interstice, ni pause aucune, pour retomber en *decrescendo,* par une progression chromatique descendante, et se cadencer sur le ton de *mi.* Après quoi, le thème religieux reparaît lui-même dans son entier, par augmentation, (deux mesures de quatre temps, contre une de trois-quatre), et se trouve porté sur les vagues de cette figure singulièrement passionnée, qui roule incessamment comme un fleuve de feu. Après soixante mesures de ce rhythme, le thème est de nouveau recommencé, de nouveau augmenté, (trois mesures de quatre temps contre une de trois-quatre), et entonné *fortissimo*, par tous les cuivres et instruments à vent. La péroraison se trouve donc être en rapport symétrique parfait avec l'exorde. Cependant par l'augmentation du thème, dans une projection si gigantesque, que nous n'en possédions encore aucun exemple dans une œuvre analogue, aussi bien que par l'accélération innacoutumée du rhythme de l'accompagnement, la péroraison centuple l'effet de l'exorde, et atteint à cette manifestation imposante des grandeurs d'une pensée et des puissances d'un art, par laquelle les chefs-d'œuvre commandent l'admiration des siècles.

Quoique nous ayons fait remarquer, que l'auteur de Tannhaüser a donné aux passions représentées par le nom de Vénus, un caractère si conforme à ce nom chéri de la belle Grèce, nous répèterons encore qu'il n'y a pas nécessité de connaître l'opéra, les aventures du Chevalier Tannhaüser, et le mythe de *Dame Vénus*, ainsi bizarrement introduite en plein moyen âge, pour saisir dans cette ouverture le drame musical. Elle n'est point seulement une sorte de vaste prélude, qui prépare l'âme aux émotions du spectacle qui va suivre, avant-propos obligatoire, prologue solennel mais court, qui se borne à fixer l'esprit de l'auditoire, dans la région des sentiments dont il sera saisi. Elle n'est rien de semblable à ces morceaux d'orchestre, qui, sans renfermer un seul motif de l'opéra qu'ils annoncent, ou bien en en reproduisant quelques-uns, ne forment toujours, qu'une partie intégrante du tout, tantôt en ravissant le spectateur au lieu de la scène, au milieu des montagnes et des religieuses contemplations qu'elles inspirent, dans une nature alpestre dont on croit respirer le thym et le serpolet, tantôt en faisant briller une lueur sinistre, sans laquelle le tableau n'aurait point toute sa vérité, entendre un gémissement prophétique qui au sein des passagères gaietés, tient l'âme en suspens par son souvenir. Cette ouverture est un poëme sur le même sujet que son opéra, mais aussi complet que lui. Avec les mêmes pensées, Wagner a créé deux œuvres différentes, et chacune d'elles étant intelligible, parfaite et indépendante l'une de l'autre, alors qu'elles seraient désunies, elles ne risqueraient point de rien perdre de leur signification. Elles sont liées par l'identité de leur sentiment et de son expression, mais à cause de cette identité précisément, elles ne s'appellent, ni ne se réclament pour s'expliquer mutuellement. S'il fallait citer un fait et une expérience à l'appui de notre assertion, nous dirions que nous avons fait exécuter cette ouverture, que nous l'avons vue admirée avec enthousiasme, quand personne de ceux qui l'exécutaient, ni du public qui l'applaudissait, n'avait encore connaissance soit du sujet, soit de la partition de l'opéra. Aussi nous sommes assurés, que de nos jours, il n'y a plus à craindre qu'il s'écoule autant de temps qu'il en a fallu, pour que les Quatuors de Mozart ne fussent plus déchirés par les exécutants comme inexécutables, et que les chefs-d'œuvre de Beethoven ne fussent plus traités d'innovation baroque, avant que cette Ouverture fasse partie du catalogue des pièces que les grandes institutions musicales ne sauraient manquer de reproduire.

Nous croyons voir une confirmation à notre opinion, que Wagner en dépit de ses propres théories, a été plus entraîné à composer une belle œuvre symphonique, que soucieux d'ajuster un prologue à son drame, dans l'infraction faite aux règles de perspective acoustique, — qu'on nous pardonne cette expression, — par le développement si large du motif qui doit être immédiatement repris au lever du rideau. Les lois de la gradation indispensable aux effets scéniques, seraient tout à fait blessées, (car quel *rinforzando* resterait-il à ajouter au *crescendo* que le chant des syrènes atteint, bien avant que la représentation ne commence?), si le spectacle, la danse, et la voix humaine, ne venaient masquer cette difficulté, prêter par leur prestige, leurs secours et leur art, un stimulant à la curiosité, rehausser l'emportement épris et impétueux de l'orchestre, arracher le public au besoin de repos que ressentent surtout les plus émus, et aviver l'intérêt presque épuisé, le dernier mot de la tragédie qui va se jouer étant déjà si puissamment prononcé.

III.

La première scène nous introduit dans cette grotte secrète, que le Hörselberg renfermait, disait-on. Nous y voyons, dans un clair-obscur rosé, les Nymphes, les Dryades, les Bacchantes agitant leurs tyrses et leurs pampres au son de ces rhythmes de l'ouverture, qui formaient les cinquantes premières mesures de l'Allégro. Elles entourent la Déesse étendue sur sa couche, vêtue de la tunique grecque qui flotte en drapant sa taille, comme si son léger tissu n'était qu'un encens plus rose, que le reste de l'atmosphère. Dans les cavités de la grotte, les eaux calmes des lacs réfléchissent les ombrages des bosquets, où errent des couples heureux; là aussi, se voient les syrènes charmeresses. Aux pieds de Vénus, son amant est assis, triste, morne, et tenant sa lyre d'une main distraite. Elle s'informe de la cause de ses ennuis. Il soupire profondément, comme réveillé d'un songe qui l'emportait bien loin des objets présents. Elle continue ses questions inquiètes. »Liberté! . . .» lui répond alors le captif, et saisissant vivement sa lyre, il entonne un chant où il lui promet de toujours vanter ses attraits, mais où il ajoute qu'il est altéré du désir «de revoir les Cieux et la ver-»dure des prés... d'entendre le ramage des oiseaux, »et les cloches des églises ...» Ce chant d'une énergie mâle, reproduit la mélodie que nous avons signalée deux fois dans l'ouverture; les paroles qui s'y appliquent sont à la louange de Vénus. Mais cette strophe est immédiatement suivie d'une anti-strophe, qui par des modulations douloureuses et quelque peu effarées, s'échappe de la poitrine comme un cri aigu; le cri de l'aigle prisonnier qui veut retourner aux régions des tempêtes et du soleil: le cri de l'âme qui veut remonter aux Cieux. Trois fois la strophe et l'antistrophe sont répétées, et toujours à un demi-ton plus haut, ce qui leur donne un accroissement strident d'accentuation passionnée.

Par un seul mot, mais par un de ces mots qui suffisent pour revêtir la Poésie de toute la majesté de la Vérité sa sœur, Wagner révèle la grandeur des âmes insatisfaites au sein des plus suaves paresses, lorsque Tannhaüser s'écrie: «Les jouissances »ne comblent pas mon cœur! .... Resté mortel, je »veux ma part des luttes de la terre! .... Toujours »dans les délices, j'aspire à la douleur! ....» — *Aspirer à la Douleur*, n'est-ce point aspirer à l'Infini, car qu'est-elle alors, sinon la meurtrissure de l'âme s'aheurtant aux limites de notre nature, qu'elle ne veut pas renoncer à dépasser?

L'Enchanteresse blessée, se lève irritée comme une panthère atteinte au flanc, interrompt son prisonnier en lui arrachant la lyre des mains, et appelant autour d'eux un nuage qui les isole, se raille des vains regrets de l'insensé. Elle lui rappele «qu'il est »maudit . . . qu'il lui appartient de par tous les pou»voirs des anathêmes éternels . . . qu'il n'avait que »faire de songer à un monde qui le répudierait avec »horreur s'il pouvait y rentrer jamais! . .» Le fier chevalier n'en croit pas l'orgueilleuse femme. Il lui dit «que la Pénitence est plus puissante que la Malé»diction», et leurs mutuelles résistances occasionnent un duo, plein de mouvement, de colères, de haines réciproques qui prennent flamme l'une à l'autre, et que Vénus suspend soudainement en recourant à de plus hypocrites armes. Elle fait entendre la voix des syrènes qui dans l'éloignement semble gagner des inflexions encore plus alanguies, et se penchant amoureusement vers son oreille, paraît instiller goutte à goutte dans ses veines, un incurable poison, une défaillance voluptueuse qui accable de chaînes indissolubles ses forces évanouies. Son chant assez long reproduit à un demi-ton plus bas le motif de l'ouverture que nous avons désigné du nom de mélopée. Il est accompagné également *pianissimo*, et ennuagé par les trémolos de violon. Cette scène pourrait être considérée par les esprits qui goûtent le symbolisme, comme la peinture d'une de ces luttes intestines, qui déchirent les poitrines humaines, durant lesquelles l'âme s'entretient avec elle-même, divisée qu'elle est par un parallélisme de velléités, dissemblables de forme et identiques d'essence cependant; ceux-là, au lieu de personnages différents, croiraient écouter les contraires discours des passions, se choquant dans un dialogue emporté, dont nul ne saurait prévoir l'issue, fatale ou miraculeuse. — Tannhaüser se dégage violemment des bras qui l'enserrent, s'éloigne de la Déesse, et dans une invocation de fiévreuse infélicité, il met son salut dans la Vierge Marie! — À peine a-t-il prononcé ainsi ce nom, que la Déesse, les Nymphes, les Syrènes, les Bacchantes disparaissent. Tout s'évanouit.

La grotte en se refermant, laisse voir l'extérieur de la montagne, au sein de laquelle les traditions populaires plaçaient son existence, et tout le paysage qui environne le château de la Wartbourg. Le chevalier est en un instant transporté du fond de ces retraites, où les cassolettes et les lampes odorantes éclairent de leurs feux colorés une nuit de plaisirs sans fin, au milieu d'une fraîche et pure matinée de printemps. Aux clameurs agitées des scènes précédentes succède le silence total de l'orchestre, et la douce et rêveuse chanson d'un pâtre assis sur une roche voisine; le refrain de son chalumeau que le cor anglais figure très-heureusement, amène une opposition bienfaisante. Bientôt on entend venir de loin un chœur de pélerins; durant ses pauses la voix du berger qui se recommande à leurs prières, forme un nouveau contraste, longtemps maintenu par le retour du refrain en guise de contre point figuré, qui suspend et enguirlande sa mélodie pastorale, semblable à un festonnage de fleurs champêtres, sur les graves contours du pieux cantique, s'élevant comme les arceaux d'une voûte ogivale.

Les pélerins approchent, paraissent, s'avancent, et leur chant où se trouve intercalé la seconde moitié du thème religieux de l'ouverture, est d'une calme et pieuse solennité. Dans cette quiétude, des élans exaltés vibrent cependant, et l'on y discerne une extase contenue, un secret ravissement. Ils s'arrêtent devant une statue de la Madone, et Tannhaüser en les écoutant se jette à genoux. Aussi épouvanté du prodige de miséricorde qui vient de le sauver, que stupéfait de voir son vœu audacieux si soudainement exaucé, et sa délivrance si inopinément accomplie, il répète les paroles des pélerins: « Je suis oppressé » par mon péché, je succombe sous son poids, je ne » veux donc plus connaître ni la paix, ni le repos;

»je ne choisis désormais pour moi que peines et fa-»tigues!»

Les cloches d'églises éloignées appellent les fidèles à la prière du matin, et en même temps des signaux de cors de chasse, venus de distances diverses, (alternant entre *fa-majeur* et *mi-bémol*,) complètent l'impression causée par cette heure d'agreste et sylvestre simplicité. Peu après, le Landgrave traverse ce chemin avec toute sa chasse, et remarquant un chevalier qui n'en faisait point partie, s'en approche, et reconnaît Tannhaüser. Nous avons dit que c'est Wolfram d'Eschenbach, son rival en poésie et en amour, qui insiste pour le ramener à la P[sse] Élisabeth qui l'aime, et en lui parlant d'elle, le décide à reprendre son ancienne place, entre eux poëtes, qu'il avait maintes fois vaincus, et qui pourtant déploraient son absence. Cette cantilène, d'un motif mélodique charmant, respirant une émotion attendrie et pénétrante, est reprise dans ses huit premières mesures, et dialoguée dans l'andante d'un sextuor formé par les cinq poëtes et le Landgrave, sollicitant Tannhaüser de revenir auprès d'eux. Au nom d'Élisabeth celui-ci est comme illuminé d'un rayon vivifiant, et s'écrie: «Je reconnais maintenant cet univers auquel »j'étais soustrait! .. Le Ciel me sourit . . . la Nature »me répond . . . et mon cœur crie hautement: Vers »Elle! .. Vers Elle! . . .»

Lorsque sa voix se joint aux autres, le septuor attaque un allégro entrainant et joyeux, dont la stretta entrecoupée par les fanfares des gens de la chasse termine le premier acte. Les divers timbres de voix sont groupés, et leurs parties dessinées dans ce morceau d'ensemble avec une finesse si exquise et tant de noblesse, qu'on ne saurait y méconnaître un appel de poëtes, une invitation de nobles rivaux à de nobles luttes. Aussi ce final est-il un de ceux qui saisissent le public irrésistiblement, et que la salle entière applaudit dans un commun accord d'admiration!

Rien de plus ingénu, de plus pudique, et de plus saintement tendre, que l'allégresse, la joie sans mélange d'arrière-pensée ou de rancoeur jalouse, par lesquelles Élisabeth accueille son chevalier que lui amène Wolfram lui-même. Avec le pas léger et le sourire heureux de la première jeunesse qui n'a point encore perdu les gestes de l'enfance, elle accourt dans cette vaste salle, où elle avait entendu les chants qui s'étaient si profondément gravés dans son coeur, et où depuis la disparition de son poëte elle n'était plus revenue. Elle arrive les bras étendus, comme pour jeter sur tous les objets environnans, le brillant éclat de son bonheur, le rayonnement de sa félicité expansive et généreuse. Elle entre déjà parée pour la fête qui va commencer, et dont elle ne saurait douter que son chevalier-poëte ne sorte vainqueur, afin de l'obtenir pour prix de sa victoire. Un étroit cercle d'or, plus semblable encore à une auréole qu'à un diadème, entoure sa tête blonde; ses longues tresses retombent sous un voile léger le long des plis du satin blanc, sur lequel des passementeries d'argent découpent le pittoresque corsage des robes de cette époque. Un manteau de velours bleu attaché à ses épaules paraît encadrer dans l'azur du Ciel cette apparition de l'Innocence elle-même.

Si la Déesse, couronnant de roses sa noire chevelure retenue par une résille grecque sur une nuque que penche la volupté, croisant sur ses pieds d'albâtre les bandelettes purpurines de ses sandales, exerçant tous les pouvoirs et déployant tous les charmes renfermés sous ses paupières demi-closes, et dans cette ceinture qui tantôt reluit, tantôt échappe aux yeux, avait pu sembler au Poëte enivré la beauté même, la beauté absolue, inégalée et inégalable, la P^{sse} Élisabeth devait ravir son âme par une beauté suprême et surprenante, qu'on eut dit descendue du haut de l'Empyrée, pour le disputer à celle qui, de l'insondable profondeur des flots amers, était montée au séjour des hommes.

Le duo entre Elisabeth et Tannhaüser au second acte pourrait se comparer pour le sentiment et la beauté musicale, au duo d'Achille et d'Iphigénie dans Gluck. Même absorption dans le bonheur présent, même chaste abandon, même aveu simple et entier d'une passion profonde, même reprise d'un thème toujours varié et toujours identique, d'un thème d'amour si heureux, qu'on le croirait, écho des célestes liesses, ne pouvoir jamais être interrompu ou brisé! . , Il est terminé par un allégro où éclatent toutes les jubilations de l'âme, et où s'exhale une félicité passionnée, qui retentit comme un Hosanna magnifique chanté à l'Amour.

Le combat des poëtes dont nous avons déjà résumé le sujet quelque peu abstrait et métaphysique, mais inhérent au nœud du drame, est un épisode qui le domine, et dont la partie musicale est traitée avec une grande pompe, et une remarquable supériorité. Elle est précédée d'une marche pendant laquelle défilent avec tout le cérémonial et l'étiquette de ces temps, les illustres hôtes du Landgrave, pour se placer selon leurs dignités, sur les siéges disposés autour de la salle, dont le milieu est réservé au groupe des chanteurs. Les hauts Barons arrivent, couverts de leurs manteaux dont les pans sont brodés de leurs armes. Les nobles Châtelaines vêtues des couleurs de leur maison, font porter leurs traînes par de jeunes pages. La marche qui s'exécute alors, est d'un rhythme bien trouvé; point trop accentué, point trop affadi. Il cadence merveilleusement la démarche décidée et emphatique de ces Seigneurs, pour qui c'était gloire, de manier la lyre aussi bien que l'épée. Cette marche en *si-majeur* est relevée par une autre en *sol-majeur*, destinée à l'entrée des poëtes; d'une mesure plus lente, elle a un caractère plus réfléchi, plus élégant et plus noble que la première; c'est là un de ces détails finement intentionnés, qui rendent les compositions de Wagner riches, substantielles, et d'une étude si attachante.

Lorsque les nombreux assistans sont rangés, que les poëtes sont arrivés, un à un, il s'établit un grand silence. Wolfram se lève avant les autres, car c'est son nom que la P^sse^ Élisabeth a retiré de l'urne, où le sort devait indiquer le premier appelé dans la lice. Il tient sa harpe en main ainsi que les autres poëtes; cet instrument accompagne tous leurs chants et joue un grand rôle non-seulement dans cet acte, mais dans le cours de la partition entière, qui demande un habile artiste pour accomplir les passages compliqués qui lui sont destinés, et trop saillants pour être élagués. Le récitatif de Wolfram est d'une belle ampleur de style. C'est le chant d'une âme contemplative, que nulle agitation intérieure ne saccade, et que nul aiguillon du dehors ne saurait accélérer non plus. Quand Tannhaüser se prépare à lui répondre, on saisit dans l'orchestre les premières notes du motif voluptueux tiré de l'ouverture, qui rhythmait la danse des Bacchantes, alors que tout en demandant à Vénus, *la Liberté!*.. il lui promettait de continuer à célébrer ses charmes. Comme si le faible lien de cette promesse jetée au départ, suffisait pour l'entraîner à sa perte, lorsque le souvenir en reparaît, le spectateur est pris d'une terreur instinctive, qui augmente de minute en minute, tels que les frissons précurseurs d'une catastrophe. À mesure que les violences amenées par l'animation du combat provoquent les contradictions, et finissent par exaspérer le Chevalier coupable, les notes deviennent plus distinctes et plus hautes; à chaque fois l'oreille saisit mieux la fatale reminiscence, jusqu'à ce qu'enfin Tannhaüser emporté, hors de lui, reprend intégralement la strophe du premier acte, où reviennent les mêmes louanges de la Déesse d'amour, qu'il chante sans feinte, ni déguisement.

La consternation, l'effroi, la confusion de la tragique situation qui survient, sont spontanément suspendus par le geste d'Élisabeth s'élançant au devant du danger! Elle l'arrête, et plaide pathétiquement la cause de son infidèle. Elle ne dissimule point les sanglots qui gonflent sa poitrine. Tantôt sa voix expire dans des tenues prolongées, comme si ses forces physiques l'abandonnaient à cette cruelle tâche; tantôt sa force d'âme vient les ranimer, et avec des accens de plus en plus émouvans et pénétrants, elle atteste les Cieux et la terre que l'inflexibilité serait sacrilége; elle devient inspirée pour désarmer une farouche indignation, et commande au nom du Rédempteur lui-même de renoncer à l'iniquité d'un jugement prématuré. À la première réponse faite par Tannhaüser à Wolfram, elle avait senti son coeur battre à l'unisson de ses aspirations passionnées; pour le lui dire elle avait fait un mouvement resté inaperçu de lui, car nulle autre approbation ne s'était jointe à la sienne; elle savait donc que si même le péché avait séduit le fiancé de son âme, ce ne pouvait être qu'en l'abusant, et elle ne doutait ni de sa grandeur native, ni de ses ressources de salut. Lorsqu'elle eut fait rentrer les glaives dans leurs fourreaux, la contenance audacieuse de Tannhaüser se change en un abattement désolé, et il tombe prosterné à ses pieds. Élisabeth achève son imploration de suprême amour et de suprême douleur, d'une voix que l'épuisement éteint. Tous alors dans un admiratif étonnement, se disent. «C'est un ange descendu d'en haut, pour nous révéler »les conseils du Seigneur!» et ces paroles sont portées par une mélodie qui, sereine et douce, monte et plane sur quelques mesures, durant lesquelles l'angélique présence semble être divulguée à nos yeux. Le chant si miséricordieusement éloquent de celle qui réussit à infondre la clémence aux âmes courroucées de ces rudes chevaliers, est fort long et écrit d'une manière qu'on ne saurait caractériser autrement qu'en disant qu'elle se rapproche du style sacré. On y voit apparaître le rhythme extraordinaire qui, dans le morceau d'ensemble suivant, alors que les assistans, frappés de cette sublime intervention n'osent résister à une aussi céleste manifestation de l'amour, semble être formé par le contre coup du battement irrégulier de ces coeurs saisis, exaltés, et accablés à la fois. Ce grand final reproduit aussi le principal thème de l'air de la Princesse, et s'achève par la reprise de la mélodie: *C'est un ange descendu d'en haut,..* etc. Wagner s'est complu à porter le développement mélodieux de ce choeur jusqu'aux extrêmes limites de l'effet musical. Composé de voix d'hommes, qu'une unique voix de soprano entraîne, pareille à l'encensoir d'argent qui fait monter de lourds tourbillons de fumée odoriférante, il est d'une gravité émue, et répand un de ces pieux recueillemens, qu'on n'est habitué à rencontrer que dans les saints temples. L'acte est terminé par l'exclamation de Tannhaüser, qui part pour Rome avec les pélerins passant alors auprès du Château, en répétant le premier fragment de leur chant matinal.

Au commencement du troisième acte, après le retour de ces pélerins, qui cette fois, en traversant la scène reprennent tout le thème religieux de l'ouverture, Élisabeth aux pieds de la même Madone que nous avons remarquée au premier acte, fait sa dernière prière, où paraît s'exhaler son dernier soupir, pour celui qu'elle a si souffrement aimé! Les longues tenues d'instrumens à vent, assombries par les gémissemens étouffés de la clarinette basse, rendent sensible sa mortelle défaillance. On dirait que Wagner a voulu n'omettre aucune des prostrations de cette agonie de l'espérance, en recueillant le cri plaintif échappé à chaque souvenir flottant à son entour, en faisant revivre dans l'orchestre comme ils devaient revivre dans la mémoire de la mourante, pendant qu'elle quittait ces lieux pour ne plus les revoir, quelques fragmens épars du passé, quelques réminiscences de son entrevue avec Tannhaüser, de son duo avec lui au second acte, de la supplication qui préservât ses jours, du chant de Wolfram lorsqu'il essayait de rétablir l'accord entre les poëtes et de sauver Tannhaüser de sa propre démence. À une heure si ineffable, quel coeur de femme n'eût point fait un retour sur cette affection si dévouée dans son humble désinteressement? Mais la passion se reste fidèle à elle-même, et Élisabeth refuse jusqu'à la commisération de cet attachement, si touchant qu'il soit.

Wolfram resté seul après qu'elle s'est retirée, s'adresse à l'Étoile du soir qui monte à l'horizon, et la charge de porter une mystérieuse consolation à celle qui ne voulait point être consolée. Cette romance pour voix de baryton est une des plus mélancoliques inspirations de l'amour, et procure un de ces instans de repos, où les attentions suspendues, et distraites de l'action même du drame, peuvent se livrer tout-à-fait à une émotion purement lyrique. Ce repos d'ailleurs était indispensable avant la scène qui finit l'opéra, et qui se range parmi les plus étonnantes productions du génie de Wagner. Nous voulons parler de la scène où Tannhaüser est reconnu par Wolfram, et lui fait le récit de son pélerinage.

Les vers de ce récit sont remarquablement beaux; mais l'auteur a trouvé le rare secret de les réunir, de les marier, de les identifier au chant d'une manière si adéquate, que d'une part il leur est impossible de passer inobservés, tant leur déclamation haute et intelligible est imposée par les intonations musicales, et que de l'autre, on ne saurait se méprendre et considérer la musique comme un accessoire destiné à les faire ressortir. Wagner est loin de prêter le flanc à une calomnie semblable à celle qui voulut attribuer à Gluck un mot impie, prétendant qu'on entendait le grand maitre s'écrier avant de se mettre à composer: «Mon Dieu, faites-moi la grâce d'oublier que je suis »musicien!» Tout musicien qu'il est, Wagner n'en reste pas moins il est vrai, poëte et prosateur distingué ; mais quelque poëte qu'il soit, il ne trouve que dans la musique la complète formule de son sentiment, si bien, que seul il pourrait nous dire s'il adapte ses paroles à ses mélodies, ou s'il cherche des mélodies à ses paroles. Le récit amer et poignant qui tombe avec de douloureux sarcasmes de la lèvre plissée par le désespoir du malheureux excommunié, se poursuit à travers des émotions si navrantes, qu'il s'est rencontré des personnes hors d'état d'y assister jusqu'au bout. Dans cette multiplicité d'aveux échappés aux plus cruels tourmens, le chant, le récitatif, la parole, l'interjection, le cri, le rire sardonique se succèdent et s'entremêlent avec une telle vérité pathologique, une telle science toxicologique, une telle variété de mouvemens passionnés, désolés et révoltés, selon que les espérances accordées et frustrées, la pitié dûe à un cuisant remords obstinément déniée, le pardon d'une faute amèrement déplorée à jamais rendu impossible, les instantes supplications repoussées, les repentirs ardens dédaignés, enfin le terrifiement dernier du désastre irréméable viennent se retracer dans une énumération haletante, que ce moment forme à lui seul un drame dans le grand drame, et par ses sombres couleurs et son épouvantable angoisse, se détache de ce qui l'a précédé ainsi que de ce qui va suivre, comme une évocation qui aurait brisé les scellés de l'abîme des maux, pour surgir devant nos regards pétrifiés, pour leur dévoiler subitement tout l'infini de la douleur, et chacun de ses râles impuissants.

L'horreur de cette affreuse nuit, dont l'obscurité devient de plus en plus profonde à mesure que la narration de Tannhaüser avance, monte à son comble à l'apparition des demeures de Vénus, dans la montagne qui s'entr'ouvre comme pour engouffrer sa proie, et où la Déesse elle-même se fait voir appelant et entraînant sa victime. L'image des lascives jouissances qui font arder de feux inextinguibles, venant surajouter leurs anhéleuses crispations aux convulsifs regrets de l'infortuné, porte à son apogée le lugubre aspect de cet instant, et y appose ce cachet de monstrueuse souffrance, que l'esprit humain a concrètement réunis dans la conception de l'Enfer. Durant cet intermède qui ne présente aux sens que des formes attrayantes et qui néanmoins soulève toute notre répulsion, donnant ainsi au sabbat où les mortels fraient avec les démones, un caractère bien plus poétiquement vrai que les laides, burlesques, écœurantes peintures qui en ont été faites avec un égal mauvais goût, dans les arts les plus divers, l'Allégro de l'ouverture est exécuté derrière la scène comme s'il sortait des entrailles de la montagne. Tannhaüser au plus fort de son paroxysme de désespoir, reprend en cherchant Vénus, la phrase de l'ouverture d'un brâme lamentable qui y amenait la mélodie dominante, et qui aprésent se prolonge dans l'orchestre par un frémissant trémolo de violon. Cette étourdissante et électrique effluence de volupté, est interrompue par le silence absolu qui se fait, dès que Wolfram prononce le nom d'Élisabeth, répété par Tannhaüser dans une sorte de stupeur paralysée. Les demi-jours diaprés s'éteignent. La montagne se referme, et le spectateur se dit: *Die Erde hat ihn wieder!..* La terre du moins l'a reconquis encore!

Lorsque le convoi d'Élisabeth paraît, qu'on la porte étendue dans son cercueil, que le fauteur de la grande coulpe se précipite à côté de ces restes adorés, s'exclame: «Sainte Élisabeth! priez pour »moi!» et en expirant auprès de ces reliques sacrées, s'unit enfin à l'objet de sa dilection: lorsque la longue et funèbre procession conduite par le Landgrave et suivie par une nombreuse foule de clergé, de chevaliers, de hautes dames et de peuple, remplit toute la scène d'une masse compacte, et la fait retentir du chant des morts rhythmé par le glas des cloches, le soleil se lève sur la vallée en deuil. Mais alors, comme à un signe visible que la Lumière Éternelle avait lui pour les deux amans, toutes les voix entonnent dans un immense chœur sur les huit premières mesures du thème religieux de l'ouverture, un «Alléluïa! il est sauvé! .. Alléluïa! ..» auquel se joint une troupe de pélerins arrivant nouvellement de Rome, et annonçant le miracle de salvation révélé à l'Evêque implacable par le reverdissement de sa crosse. Cet Alléluïa par sa souveraine onction et son glorieux éclat, nous rend la joie, la confiance, l'espérance, et nous laisse comme inondés d'un céleste rafraîchissement.

Les deux fiancés dont nous avons suivis le sort avec tant d'anxiété, ont cessé de vivre. C'est l'excès de la douleur qui a tué l'un et l'autre. Pourtant lorsque ce grand drame est joué, qu'il a passé devant nos yeux, qu'il n'est plus qu'un tableau dans notre souvenir et un tressaillement dans notre cœur, notre âme est consolée, rassérénée; les plaies qu'il y avait ouvertes sont fermées; les endolorissements qu'il avait causés sont calmés. Nous croyons les deux nobles et tristes fiancés, arrivés à un port. Nous les croyons heureux. Nous les croyons enveloppés d'une invulnérable, immarcessible et immortelle félicité. Celui qui a exaucé la dernière, si humble et si amoureuse prière d'Élisabeth, pouvait-il ne pas lui faire trouver dans cet exaucement, le triomphe et la béatitude? À la vue de cette destinée flétrie, brisée sur la terre comme un jonc foulé, et refleurissant dans le Ciel comme un lys splendide, nous sentons palpablement pour ainsi dire comment *en se perdant, on se sauve,* si forte est la puissance du religieux élan, renfermée dans le morceau final, formant l'Épilogue de la pièce. Transporter ainsi à l'aide de l'impérieux ascendant de l'art, l'esprit d'un public frivole, en dehors des bornes qu'il pose généralement à son imagination, faire naître en lui une joie vraie dans un attristement réel, grâce à l'entraînement de la spiritualité et des plus hautes aspirations de notre être, n'est-ce point une des plus belles victoires dont il ait été donné aux poëtes et aux artistes d'ambitionner la gloire? . .

IV.

Les proportions de cet opéra sont très-heureusement fixées. Il n'est, ni trop court pour le sujet, ni trop long pour le public. Les scènes en sont bien coupées; quoique largement développées, elles ne lassent point l'esprit par le prolongement inutile des situations. Les détails y sont tous groupés dans l'intérêt de l'effet d'ensemble. Il en résulte une impression harmonieuse, qui ajoute son charme à toutes les beautés. Cette structure judicieuse et sans faute, n'est d'ordinaire l'apanage que des œuvres dont la pensée a engencé et encadré simultanément les diverses parties, les a parachevées sous l'empire de l'inspiration première, et leur a conservé par là cette exacte relation entre elles, qui n'est pas une des moindres qualités requises à l'attrait des grandes conceptions. Souvent la justesse de cette relation se perd dans un long travail, car il est difficile que l'artiste ne s'éprenne alors de quelques accessoires, et ne les grandisse au dépens de l'harmonie générale. Aussi qu'elles sont rares, les œuvres dûes au premier jet du sentiment poétique, et qui sortent comme des Minerves, toutes armées, du cerveau de leurs auteurs! On ne les rencontre fréquement, ni dans le catalogue des grandes œuvres en général, ni dans celui des compositions des grands Maîtres en particulier. Pour les produire il faut l'heureux accord de mille circonstances aussi indispensables que rarement réunies, et il en est de leurs créations, comme de l'éclosion du diamant qui se forme dans des conditions qui sont toutes connues à la science, mais si étrangement difficiles à faire concorder, que le hasard nous dispute victorieusement le privilége de dispenser ce luxe souverain, d'obtenir ces dons merveilleux.

Ceux qui se plaisent à juger les partitions du point de vue purement technique, liront attentivement celle de *Tannhaüser*. Elle est savamment écrite; le tissu harmonique en est serré, compacte; les mélodies sont d'un relief saillant; la division instrumentale est habilement répartie; les effets pittoresques, les apparitions ménagées de quelques instrumens, n'y sont employées qu'avec sobriété et bon goût. Son exécution réclame une extrême précision, une entente délicate des nuances, ainsi qu'un orchestre exercé et docile, que la moindre inclinaison de la baguette du directeur accélère ou ralentit, affaiblit ou renforce, l'inspiration planant constammant sur la masse des sons, comme les souffles de l'air sur les grandes eaux, tantôt ridant à peine leurs surfaces par d'imperceptibles tressaillemens, tantôt soulevant la fureur des flots qui mugissent par les mille bouches de leurs crêtes irritées.

«Que de notes!» disait l'Empereur Joseph II. à Mozart, à la première audition d'un de ses opéras. Que de notes! pourrait-on s'écrier encore en écoutant celui-çi. Mais comme Mozart, Wagner aurait le droit de répondre: «Pas une de trop!» car il ne permet pas un seul instant au spectateur ému ou au musicien attentif, d'être refroidi ou lassé. Toutefois, cet ouvrage est d'un caractère si élevé qu'il demande un auditoire choisi, capable d'apprécier les sérieuses beautés de l'art, et habitué à y donner l'attention qu'elles exigent. Lorsqu'elle sera plus connue on disséquera le squelette de cette belle œuvre, et on ne manquera point d'en compter toutes les articulations. Peut-être même trouvera-t-elle quelque opposition à vaincre, avant d'être irrévocablement adoptée. On ne saurait se dissimuler que son style si déclamatoire, offusquera ceux qui se complaisent dans *l'art du chant*, la virtuosité du gosier, et qui auront d'excellentes raisons à faire valoir pour protester contre leur exclusion du théâtre. Mais on pourra leur répondre que si la roulade et la vocalise n'ont aucune place ici, c'est qu'il est des *manières* diverses dans l'art, qui peuvent suivre chacunes leur développement sans prétendre à s'exiler ou s'anéantir, réciproquement et alternativement. Les amateurs d'airs faciles, de cabalettes, de ritournelles qu'on peut fredonner commodément à la sortie du théâtre, n'ont hélas! qu'un maigre butin à faire dans le *Tannhaüser*. Excepté la romance à l'étoile du soir chantée par Wolfram, et qui pourrait obtenir un succès semblable à celui des *Liederś* de Schubert, et la grande marche du second acte très propre à la musique militaire, il n'est peut-être pas d'autre morceau qu'on puisse avantageusement détacher de la partition. Tout s'emboîte, et s'enchaîne dans le nœud dramatique; tout concourt principalement à dessiner les caractères des personnages. Wagner dans sa conception toute individuelle de l'opéra, semble surtout préoccupé de mieux réussir à cet égard que ses dévanciers. Il voudrait qu'en musique comme dans la tragédie, les caractères soient consciencieusement étudiés, que les discours et les actions des personnages aient de la vérité, se poursuivent avec conséquence, et offrent une fidèle image du cœur humain. Il ne néglige aucun soin pour atteindre à cette fidélité, et y arrive quelquefois par des traits d'une touche si fine, qu'il y aurait peut-être lieu à craindre, qu'ils ne passent inaperçus à bien des yeux. C'est ainsi qu'après la première entrevue d'Élisabeth et de Tannhaüser, lorsque celui-ci la quitte, et qu'elle s'approche de la fenêtre pour lui adresser encore un signe d'amour, l'orchestre reprend durant quelques mesures une des phrases les plus suaves de leur duo, celle où elle le remerciait de son retour et exhalait la joie qui dilatait si puissamment son cœur, satisfaite qu'elle était de savoir qu'un prodige l'avait rendu à son amour, trop discrète, trop confiante, trop croyante en lui, pour oser pénétrer son silence, interpréter ses réticences, et tenter d'apprendre le mystère qui avait amené ce prodige! — Beaucoup de nuances pourraient ainsi être citées, et pour n'en point omettre, il faudrait presque suivre par une constante traduction tous les dialogues. Restreint dans d'étroites limites, le poëte a su tirer parti de l'espace dont il disposait, et s'est appliqué à n'en rien perdre. Il a su éviter ces vers prosaïques que nécessite d'ordinaire le développement de l'action. Nuls n'y sont dépourvus d'une pensée élevée ou incisive. Ceux qui liront le texte en écoutant la musique de cet opéra, apprécieront les qualités exceptionelles que nous devons nous borner à indiquer; elles pourraient ne point se perdre en passant dans une autre langue, cependant elles échappent à un simple résumé. Ces inflexions si délicates du sentiment sont-elles du domaine du drame? C'est ce que nous nous abstenons de décider. Qui n'admirerait les ravissantes délicatesses des fleurs de van Huysum ou des feuillages de Berghem oùconque ils seraient placés? S'il faut quelque peine pour s'en rapprocher suffisamment, et pouvoir les contempler dans tout leur jour, qui se refuserait à la prendre, de ceux qui aiment à chercher et à trouver le beau?

On ne peut s'empêcher d'observer combien le fantastique de la fable de cet opéra, est favorable à sa mise en scène. On la dirait inventée pour le théâtre. Sans exiger les prodiges du machiniste, des changemens de décors si nombreux que les yeux finissent par être plus occupés que les oreilles, elle se prête cependant à beaucoup d'effets d'optique. L'intérieur de la grotte de Vénus, le paysage printannier et matinal qui lui succède, la scène de nuit dans ce même site où l'on distingue à peine le groupe de Wolfram écoutant éperdu le récit que lui fait Tannhaüser à moitié égaré, l'apparition courte et subite de la caverne enchantée dans les flancs de la montagne qui se déchire, peuvent donner lieu à de beaux tableaux, de même que l'architecture de la salle encore existante à la Wartbourg. On aura déjà remarqué le contraste neuf et tranché, que produit le rapprochement du costume antique avec celui du moyen-âge. L'imagination qui croit d'abord voir s'animer et se colorer les dessins de Flaxmann, dont le burin nous a si bien familiarisé avec la silhouette de la belle Déesse, a peine ensuite à refuser le titre de Sainte, à cette Élisabeth, qui nous semble sortie vivante des peintures d'un manuscrit légendaire de son époque.

Il faut aussi compter au nombre des précieux avantages du poëme de *Tannhaüser*, qui appartient à ceux où le Bien et le Mal se personnifiant, deviennent d'un intérêt non-seulement plus vivace que les autres, mais perpétuel en quelque sorte, à l'abri, comme le Bien et le Mal eux-mêmes des fatigues du temps, des ennuis de la redite, des changemens de goûts et de conceptions poétiques: il faut disons-nous, compter parmi ses avantages, l'absence d'une intrigue proprement dite, d'un nœud formé par l'entrelacement de ressorts multipliés, infimes et usés. Les événemens y découlent immédiatement de leur source première, le cœur humain. Toujours engendrés par des impulsions spontanées, ils se déroulent forcément et fatalement, jamais fléchissants sous la pression de la ruse ou de la duplicité. Par ce manque de combinaisons secondaires, d'instrumens de perdition sur lesquels se détournent les culpabilités premières et les condamnations faciles, nous sommes entraînés à un examen plus approfondi des caractères principaux, à une répartition plus motivée de nos admirations, de nos sympathies, de nos blâmes et de nos jugemens. Comme il n'existe aucun intermédiaire entre l'erreur et le malheur de l'homme, les conséquences suivent impérieusement leurs prémisses, et nous assistons profondément émus, à cette carrière parcourue par les passions, alors qu'elles ne se heurtent qu'à des adversaires d'égale nature, d'égale grandeur, qu'elles ne luttent qu'avec des sentimens jaillis des mêmes replis du cœur.

Les personnages accessoires loin d'être dans ce poëme, des rouages perfides, entraînant pour les broyer dans leur engrenage des élémens et des êtres supérieurs; loin de représenter une complication d'intérêts vulgaires, et de basses haines, se montrent tous au contraire animés de sentimens qui restent élevés, même dans leur excès. Cette disposition du drame, donne à toute sa représentation quelque chose de singulièrement noble. On respire à l'aise en si bonne et si honnête compagnie, où les plus violentes passions et les plus déplorables transgressions, ne procèdent point de viles scélératesses ou de grossiers désirs. Nous n'ignorons pas que peu de sujets comporteraient cette qualité du plan et qu' actuellement il serait peut-être impossible de la demander à une pièce non musicale. Dans l'antiquité la peinture des grands sentimens et la beauté du langage pouvaient, sous une plume inspirée et habile, former à eux seuls, une tragédie magnifique et acclamée. De nos jours un pareil succès est à peine accessible encore à la musique, et déjà elle n'ose d'ordinaire se borner à ces uniques mérites. Tout en continuant à être sur le théâtre l'expression immédiate des divers mouvemens qui agitent les cœurs, et leur révélation la plus éloquente, elle craint de plus en plus de remplir seule le spectacle, sans recourir aux auxiliaires qui rehaussent son attrait pour la foule, en excitant sa curiosité, sa surprise, en entretenant sans cesse et d'une manière factice au besoin, son attente et le plaisir de la diversité. Elle est donc d'autant mieux venue, l'œuvre qui a été conçue en dehors de toute considération d'actualité et de succès momentané, dans une recherche consciencieuse et désintéressée du beau en lui-même, et pour lui-même.

Le mythe de *Dame Vénus* caractérise d'une manière frappante la nébulosité de l'imagination germanique, qui, si elle se hasarde à rêver cette poétique sensualité que son érudition lui découvre dans les fictions mythologiques, dans les odes d'Anacréon où se sont mêlées et distillées goutte à goutte, les essences de rose, les larmes amoureuses et les vins de Scio; dans les vers de Sapho, harmonieux comme les baisers que la brise surprend aux cordes de la lyre, n'ose du moins se livrer à ces songeuses licences que dans l'obscur mystère de quelque antre introuvable. Quelle autre nation eut privé la volupté, et l'idéal de la félicité matérielle, de la lumière et des caresses du soleil, du Dieu loin duquel les Muses se taisent, des tièdes embrassemens du zéphyr, des molles cadences de l'air faisant gémir doucement une mer au repos, comme une amante qui attend? Il fallait le spiritualisme indélébile de l'esprit teutonique, pour écarter instinctivement la Nature de ces impures délices, et préserver ses chastes beautés de l'attouchement de sens impudiques, et de cyniques flétrissures. En déterrant cette légende enfouïe sous la poussière des vieilles chroniques, et en la choisissant pour sujet de son poëme, Wagner a eu la main heureuse, comme tous ceux qui *prennent leur bien où ils le trouvent*, ayant un bien à trouver.

La naïve hardiesse et l'inconsciente étrangeté propre aux inventions populaires, lui ont fourni dans cette *Sage*, une forme encore inusitée, par laquelle, échappant aux ennuis et aux inconvéniens des comparaisons inévitables, il a pu rajeunir une matière et reprendre une pensée déjà traitée de main de maître, plus d'une fois, et sous plus d'un aspect. L'originalité de cette charpente lui a permis d'aborder son sujet comme s'il n'avait point eu de dévanciers, et de s'élever dans les régions d'un symbolisme encore inaffronté. C'est une tâche osée que de vouloir monter jusqu'aux grandes hauteurs, sur les vacillants échelons de l'allégorie. Wagner s'y est maintenu en suivant avec une extrême habileté le fil, la ligne, le pont étroit que la Poésie peut jeter entre l'action et le mythe. Il a donné assez de vie à ses personnages pour les dramatiser, et a laissé flotter assez de vague sur leurs contours, pour que chaque intelligence compréhensive y pût dessiner ses propres traits. Dans cette fiction si ancienne, il a trouvé le moyen de toucher d'une manière neuve au lien subtil qui existe entre le désordre des sentimens et les appétits de la chair, et il a eu l'inappréciable avantage de pouvoir se soustraire à la nécessité où l'on avait été jusque là, chaque fois qu'on avait essayé de présenter un type des mêmes passions, de prendre la multiplicité des amours, comme expression de la puissance et des entraînemens d'une insatiable volupté.

Dans son poëme, la Volupté nous apparaît, non plus sous les images qui servent de prétexte à la passion, mais comme la Passion incarnée, étant à elle-même sa propre fin et son propre objet, et nous sommes délivrés de ce cortége obligé de noms disparates, de cette liste des *mille e tre,* qui dérobe dans son vulgarisme d'insipide fatuité, de stupide gloriole, et de bigarrure anecdotique, ce qu'il peut y avoir de grand, de fier, de mélancolique et de sublime, en cette aspiration impatiente vers une félicité immédiate, dont sont oxydées et consumées certaines organisations, riches et douées, que personne ne s'aviserait de confondre avec des débauchés ordinaires. Grâce à cette vivification de la beauté allégorique de Vénus, nous sommes débarrassés des détails communs, des couleurs locales, des traits de mœurs, de ce bagage de faits microscopiques, qui, toutes les fois qu'une figure éclairée de ces funestes feux a été retracée sur la scène, dans le poëme ou dans le roman, ont inévitablement encombré le tableau, et en ont étouffé l'impression poétique en multipliant les effets pittoresques. Il est certain que ces détails, ces faits variés, ces anecdotes barriolées, cette couleur locale, ces traits de mœurs servent à entretenir les ébaudissemens que cherchent à provoquer les spirituels et amusans conteurs. Mais ils dépouillent indignement de leur caractère sinistre les plaisirs douloureux, recélant tant d'angoisses dans leurs néfastes joies, de ceux qui en s'y abandonnant ne perdent point leurs titres à notre intérêt; et aussi longtemps que leurs désirs vont au delà de leurs jouissances, aussi longtemps que la souffrance demeure la secrète compagne de leurs délires, aussi longtemps qu'ils sont éperonnés dans la poursuite d'une satisfaction insaisissable, par le pressentiment d'un idéal introuvé, aussi longtemps qu'ils se sentent à l'étroit dans les délices, ils le revendiqueront toujours victorieusement. Il n'est pas de loi si haute, ni de réprobation si fulminante qui leur enlève leur vague attrait. Ils le garderont, tant qu'on pourra entrevoir dans leur cœur, cette lutte sublime que Wagner a reproduite dans la grande scène où Tannhaüser s'arrache à Vénus, car qui nous dit que les Alcibiades, les Césars, les Don Juans n'aient point crié plus d'une fois *Liberté!* en se sentant enfermés dans un cercle infranchissable de désirs inassouvis, alors, «qu'ils »chantaient celle, qu'ils voulaient pourtant fuir!»? [1]) Mais pour exhausser à sa plus imposante grandeur dramatique, ce terrible moment qu'atteignent quelques âmes puissantes: pour vaincre les obstacles que présente à sa reproduction dans l'art le contraste qui s'établit alors entre l'asservissement du vouloir à la passion, et le libre empire de la volonté sur les actes, il fallait une simplification des procédés qui le mettent en scène, dût-on être moins réel que vrai; il fallait concentrer sur un seul foyer, tels qu'ils sont réunis dans le cœur humain, les rayons de la passion, qu'on avait jusque-là fait diverger sur une quantité d'objets, dont le nombre seul était emblématique. Obligé à réfracter isolément chacun des rayons, on ne pouvait se dispenser de multiplier des person-

1) Acte I. Scène 2.

nages nécessairement secondaires, créations parasites qui détournaient stérilement notre attention, ne faisaient naître en nous qu'un intérêt émoussé, nous touchaient sans nous attacher, et dénués de valeur intrinsèque, laissaient notre esprit indécis entre la pitié et le dédain.

Mais le génie ne rejete et ne repousse guère certains moyens d'effets, si peu appropriés qu'ils lui paraissent, sans aussitôt les remplacer par d'autres, qu'il ne manque pas de découvrir. Wagner, occupé à indiquer le cours des passions bien plus que les péripéties qu'elles amènent, en simplifiant les événemens et en diminuant les acteurs du drame, a donné en revanche un corps en quelque sorte aux élans de leur âme, en les incarnant dans la mélodie. Dans le *Tannhaüser*, il a inauguré pour l'opéra une innovation frappante, par laquelle la mélodie, non seulement exprime, mais représente certaines émotions, en revenant au moment où elles réapparaissent, en se reproduisant dans l'orchestre indépendement du chant de la scène, souvent avec des modulations qui caractérisent les modifications des passions auxquelles elle correspond. Son retour n'occasionne pas uniquement une ressouvenance émouvante; il nous dévoile celui des émotions qu'elle trahit. Entreluisant à peine, lorsque ces impressions flottent vaguement encore dans les cœurs, elle se déroule énergiquement dès qu'elles les ressaisissent avec force. Nous n'avons pas négligé de faire remarquer les principaux endroits où l'auteur a employé cette innovation, qui peut devenir si féconde, ouvrir une source nouvelle d'effets et ajouter un intérêt de plus à la musique dramatique. Qu'est-ce qui peut mieux nous identifier avec les personnages dont nous sommes appelés à contempler les destinées, que de partager leurs sensations pour ainsi dire? Et quel autre art que la musique, pourrait de la sorte nous communiquer leurs troubles et leurs émois? nous révéler leurs retours et leurs gradations? les doux frissonnemens précurseurs de la passion, les transports qui l'accompagnent, comme les saisissements subits, les froides sueurs, les lames aigües, les accablements et les suffocations que la douleur ramène avec elle? La poésie traduit ces mouvemens quand les émotions se sont déjà condensées dans notre entendement, qu'elles se sont formulées en pensées, et se font jour en idées définies, en phrases construites. La musique ainsi appliquée, nous découvre l'envahissement et l'intensité des émotions, avant qu'elles aient parlé, — sans qu'elles aient parlé! N'en est-il pas qui doivent au silence plus de beauté, et plus de grandeur? Élisabeth, en s'avançant devant la rampe, pour chanter dans un grand air son inexprimable désolation, nous eût-elle touché comme elle le fait, en refusant d'un geste à Wolfram, le droit de contempler sa peine, tandis que dans l'orchestre nous surprenons l'ombre des tristes récapitulations, qui se pressaient à cet instant dans sa mémoire. — Comment ne pas admirer ces inépuisables ressources de l'art qui trouve toujours des modes nouveaux, et resplendit en si multiformes beautés! N'éviterons-nous donc jamais la mesquine prétention de lui poser des bornes? de lui chercher une formule d'immobilité? de vouloir l'enfermer dans tel ou tel cercle? Ne l'affranchirons-nous d'un joug, que pour lui en imposer un autre? Quand donc reconnaîtrons-nous combien il est vain de vouloir l'arrêter à un moment quelconque de ses révélations? L'art comme la Nature embrasse dans ses lois, les règnes, les développements, les procédés les plus dissemblables. L'éphémère et le majestueux lui appartiennent également. Comme elle il existe et se perpétue par des transformations constantes, même alors que sa vie apparente est engourdie. Il se réveille, il renaît après des décadences momentanées. Il surgit sous de nouveaux aspects. Saluons ses printemps, sans nous attarder dans les regrets et les deuils obstinés du dernier automne, sans mépriser non plus les troncs sévères que les frimas n'ont pas dépouillé de leurs verdures, ni les humbles fleurettes des mousses qui ont vécu, aisément abritées, en conservant un parfum modeste, qui contribue pourtant aussi à embaumer notre atmosphère.

L'apôtre de l'amour a enseigné que trois dangers, trois abîmes guettaient l'homme, et s'ouvraient sous ses pas : *la convoitise de la chair, le plaisir des yeux, et l'orgueil de la vie.* N'y est-il pas conduit par la même espérance de trouver sur cette terre une jouissance absolue, soit dans les plaisirs qui simulent l'amour en y substituant imperceptiblement, l'égoïsme à l'effusion ; soit dans la vulgarité bourgeoise, qui savoure et pourlèche, les mets distribués à une facile portée ; soit dans la grandeur de l'intelligence ambitieuse, dominant sur les faits, ou conquérant les secrets de l'inconnu, à l'aide de la science. Cette unique espérance, enchanteresse fallacieuse, triple Hécate, belle et cruelle Euménide, se dresse en effet à tous les regards sous une de ces triples faces : syrène séductrice et trompeuse, feu-follet décevant et illusoire, chimère superbe et terrible. Des trois passions qu'on idolâtre en elles, celle dont la musique peut le mieux dépeindre les tragiques embûches, est celle qui nous sollicite en murmurant à notre oreille le doux nom d'amour, en nous présentant un breuvage de flamme, en nous maintenant dans la suprême sphère du sentiment, où il est donné à cet art mieux qu'à tout autre de nous emporter sur les ailes de la tempête, ou de nous enlever jusqu'aux confins de l'Éther, jusqu'aux portes du Ciel que nous lui faisons franchir. La musique peut donc à bon droit, non-seulement s'essayer à exprimer cette aspiration de l'âme, mais même revendiquer une certaine supériorité à en manifester les diverses phases, dans des œuvres assez frappantes pour prendre place au nombre des plus belles conceptions du génie humain. Parmi celles, d'étendue et de formes différentes, où elle tente et s'efforce d'exprimer les joies et les tourmens de cette aspiration, l'opéra de *Tannhaüser* restera comme une des plus remarquables, tant par l'élévation de son sentiment intime, que par la supériorité de son inspiration musicale, les procédés nouveaux qu'elle renferme, une rare entente des moyens pratiques de l'art, une admirable distribution des effets, une grande abondance d'idées et de style.

En s'abstenant de toucher à aucun ressort de terreur surnaturelle, de faire intervenir le châtiment, là, où il aurait abaissé l'erreur à l'égal du vice et assimilé l'aveuglement à la corruption, en s'écartant ainsi des *moralités* rebattues, Wagner a encore doublé d'une main ferme et hardie, ce que nous nommerions la portée philosophiquement poétique de son sujet. L'homme qui dans l'incertaine nuit de son existence ne s'est point tourné par une subite divination, vers le véritable Orient de la vérité, n'est point, victime infortunée! écrasé par elle, sans miséricorde, et peut-être sans justice! Une soudaine manifestation rapproche ce qui se cherchait mutuellement, puisqu'il est vrai de dire que la vérité cherche l'homme autant qu'elle en est cherchée, et que si elle se dérobe à ses poursuites d'une part, de l'autre il passe souvent à ses côtés sans l'appercevoir. Rien des horreurs d'une damnation éternelle, de la fantasmagorie d'un enfer où pleuvent le feu et le soufre, et dont l'impression ne pourrait être sérieuse que sur des imaginations aussi naïves que celles qui se complaisaient à leur description matérielle, ne se voit dans cette pièce, trop fortement empreinte pour cela du souffle de notre siècle. Et néanmoins! Quelles douleurs resterait-il à ajouter aux tourmens du grand pécheur? Aucune absurdité de décors, aucune faute de machiniste, aucune lésinerie d'artificiers, ne sauraient neutraliser l'effet des souffrances indiscibles, étalées durant sa longue agonie. On dirait ces souffrances arrachées de notre propre cœur, pour palpiter à nos yeux, nues et saignantes!

Dans l'action de son drame, comme dans le drame de son ouverture, Wagner n'a point représenté le principe religieux comme une raiche antithèse, au besoin de bonheur, au souvenir et à l'espérance de félicité, qui dégénère parfois dans le cœur humain en de si étranges métamorphoses, et se masque sous des dehors si bizarres, si imprévus! Il ne l'a point dépeint comme une autorité qui se délècte dans un commandement arbitraire, qui veut régner sur des corps inertes, afin d'enfrêner plus aisément tous les désirs et toutes les aspirations de notre nature, de frigifier plus promptement ses nobles ardeurs, et d'inspirer plus sûrement les trépidations de la crainte, les soumissions passives et énervées. Il l'a fait apparaître comme l'objet véritable des appels de l'âme, comme la source où peuvent s'étancher toutes les soifs, comme le trésor qui a de quoi rassasier tous les vœux. Il l'a posé comme une vaste synthèse, un accord gigantesque, résolvant toutes les dissonnances, ne laissant muette aucune corde de l'âme, et les touchant toutes, non pour les briser, mais pour les faire résonner dans une immense harmonie. Quand il fait intervenir ce principe, ce n'est point pour l'armer d'une vengeresse malédiction; il ne le promène point comme le balai monstrueux, d'un fléau destructeur. Sous sa plume, alors même qu'il lutte avec des fureurs contraires, il ne se contagie ni des haines, ni des animosités du combat. D'abord, il se présente avec une auguste simplicité. Plus tard, en revenant pour dompter de si violentes rebellions, il ne perd point sa sérénité grave et tendre. Il grandit, plus distinct toujours, plus majestueux, plus subjuguant, mais inaltérable comme la lumière envahissant les ténèbres; lumière radieuse dorant l'univers de sa richesse immaculée, sans perdre son éblouissance à la souillure d'aucun contact. C'est elle qui domine enfin, qui conquiert, qui est victorieuse, sans répandre de maux en foudroyant de son triomphe, sans en ternir l'éclat par le trouble des colères et la rigueur d'un implacable punisseur.

Ce principe religieux, cette Lumière radieuse, est figurée dans l'ouverture par un thème qui dans l'opéra devient un chant de pélerins. En les écoutant, à quelqu'un de ces instans où l'esprit s'abandonne sans résistance à l'illusion, où il s'affranchit de toute entrave, laisse échapper à sa vue l'économie matérielle du spectacle, la foule d'une part et les coulisses de l'autre, où il s'absorbe dans l'art tellement sans réserve, qu'il croit y voir, y sentir, y saisir l'impossible; à quelqu'une de ces minutes qui sont pour les artistes les visions d'en Haut, et les Cieux entr'ouverts, ce chant résonne dans l'âme comme la grande voix plaintive, espérante et aspirante de l'Humanité entière dans son pélerinage vers la grande Rome, la Rome mystique, que dès son origine ses pontifes appelèrent mystérieusement et prophétiquement, du nom d'*Eros!*

Nous tous pélerins, qui cheminons vers cette Rome par la voie des douleurs, nous joignons notre soupir à ce grand chœur qui incessamment monte de la terre aux Cieux! . . .

Imprimerie de F. A. Brockhaus à Leipzig.

E R R A T A.

Page		ligne		au lieu de		lisez	
Page	11	ligne	10	*au lieu de*	d'une nature	*lisez*	de nature
„	56	„	26	„ „ „	quatremesures	„	quatre mesures
„	65	„	19	„ „ „	lesmarches	„	les marches
„	90	„	3	„ „ „	plus plus	„	plus en plus
„	96	„	3	„ „ „	s'affaise	„	s'affaisse
„	97	„	14	„ „ „	sontenu	„	soutenu

Lohengrin.
R. Wagner.

Supplément.
Lohengrin.
R. Wagner.
Nr. 1.
Langsam.
Violinen.
etc.
Nr. 2.
Mäßig langsam.
Hoboe.
Engl. Horn.
Flöte.
2 Fagotte.
Streichinstr.
pizz.
3 Flöten u. 2 Clarin.
sehr zart.
dim.
più p
Hoboen.
Bassclar. u. Fagott.
Clar.
Nr. 3.
Gemessen.
3 Posaunen u. 1 Basstuba.
Nr. 4.
Mäßig bewegt.
2 Hoboen und 3 Flöten (später, bei Lohengrin's Ankunft, 3 Trompeten).
Tromp.
pizz.
2 Hörner
Nr. 5.
Etwas langsam.
Lohengrin.
Nie sollst du mich be - fra - gen, noch Wis - sens Sor - ge tra - gen, wo - her ich kam der Fahrt, noch wie mein Nam' und Art.
Blasinstrumente.
dim.
più p
Violinen u. Bratschen.
Blasinstrum.
Nr. 6.
Etwas langsam.
Violinen.
trem.
(3 Flöten.)
Engl. Horn.
Bassclar.
(Engl. Horn u. Fagott.)
(Bläser.)
dim.
più p
etc.

Tannhaüser.

R. Wagner.

Supplément.

Tannhaüser.
R. Wagner.

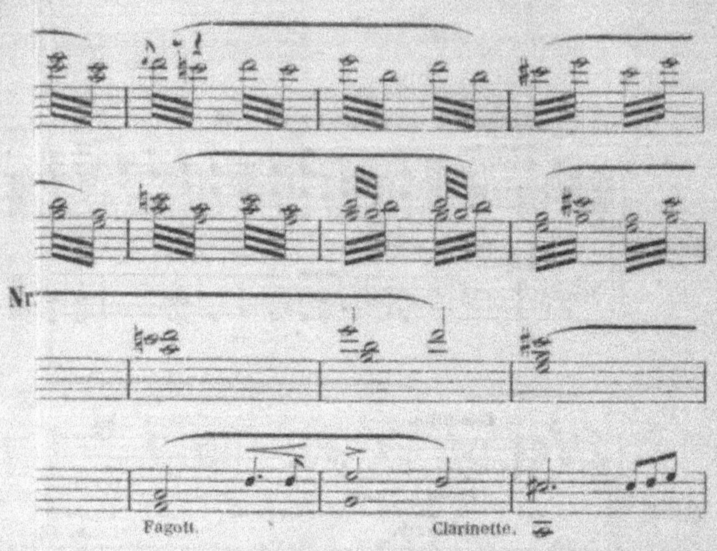
Nr
Fagott.
Clarinette.

etc.

www.ingramcontent.com/pod-product-compliance
Ingram Content Group UK Ltd.
Pitfield, Milton Keynes, MK11 3LW, UK
UKHW022019170726
13837UKWH00001B/278